LÍNGUA PORTUGUESA
ISABELLA

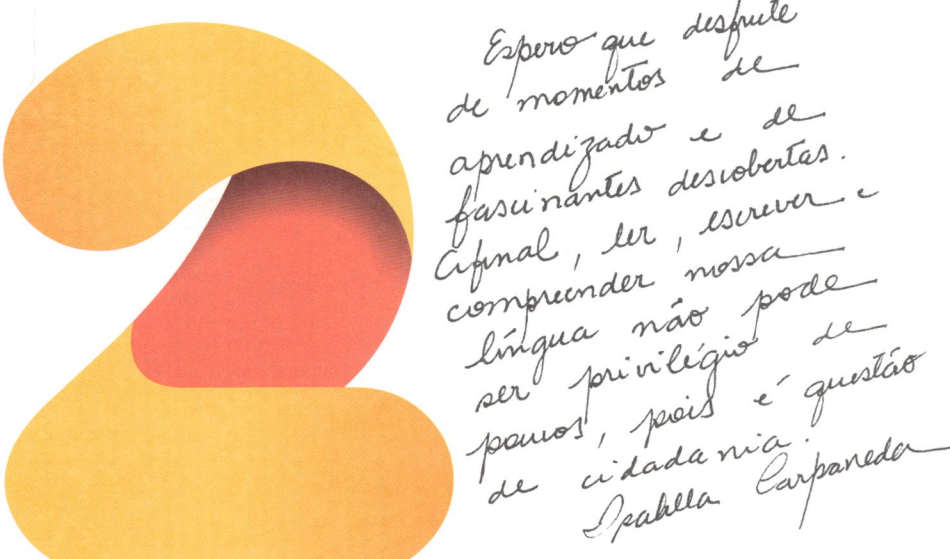

ISABELLA PESSÔA DE MELO CARPANEDA

Especialista em Língua Portuguesa pelo Instituto AVM — Faculdade Integrada.
Licenciada em Pedagogia pela Universidade de Brasília e pelo Centro de Educação Unificado de Brasília,
com especialização em Administração e Supervisão Escolar e Orientação Educacional.
Coordenadora pedagógica e elaboradora de material pedagógico para a Educação Infantil
e Ensino Fundamental há mais de 25 anos.
Professora em cursos de formação de professores de Educação Infantil
e Ensino Fundamental em vários estados desde 1990.
Assessora pedagógica de Educação Infantil e Ensino Fundamental em Brasília (DF) desde 1984.

Língua Portuguesa Isabella – Língua Portuguesa – 2º ano
Copyright © Isabella Pessôa de Melo Carpaneda, 2018

Diretor editorial	Lauri Cericato
Diretora editorial adjunta	Silvana Rossi Júlio
Gerente editorial	Natalia Taccetti
Editora	Luciana Leopoldino
Editores assistentes	Fernanda Magalhães, Juliana Rochetto Costa, Rogério Alves
Assessoria	Maria Tavares Lima (Dalva)
Gerente de produção editorial	Mariana Milani
Coordenador de produção editorial	Marcelo Henrique Ferreira Fontes
Gerente de arte	Ricardo Borges
Coordenadora de arte	Daniela Máximo
Projeto gráfico	Bruno Attili, Juliana Carvalho
Projeto de capa	Juliana Carvalho
Ilustração de capa	Lambuja
Supervisora de arte	Patrícia De Michelis Mendonça
Editora de arte	Sonia Maria Alencar
Diagramação	Anderson Sunakosawa, Juliana Signal, Julio Alexandre Eugenio, Lidiani Minoda, Luana Alencar, Marina Martins Almeida
Tratamento de imagens	Ana Isabela Pithan Maraschin, Eziquiel Racheti
Coordenadora de ilustrações e cartografia	Marcia Berne
Ilustrações	Andrea Ebert, Beatriz Mayumi, Bruna Assis Brasil, Cacá França, Camila Carrossine, Clara Gavilan, Dnepwu, Glair Arruda, Laís Bicudo, Lie Nobusa, Luiz Lentini, Marcos de Mello, Roberto Weigand, Roberto Zoellner, Romont Willy, Rubens Gomes, Simone Ziasch, Tânia Ricci, Vanessa Prezoto, Vicente Mendonça
Coordenadora de preparação e revisão	Lilian Semenichin
Supervisora de preparação e revisão	Viviam Moreira
Revisão	Adriana Périco, Camila Cipoloni, Carina de Luca, Célia Camargo, Felipe Bio, Fernanda Marcelino, Fernanda Rodrigues, Fernando Cardoso, Heloisa Beraldo, Iracema Fantaguci, Paulo Andrade, Pedro Fandi, Rita Lopes, Sônia Cervantes, Veridiana Maenaka
Supervisora de iconografia e licenciamento de textos	Elaine Bueno
Iconografia	Rosa André
Licenciamento de textos	Mayara Ribeiro
Supervisora de arquivos de segurança	Silvia Regina E. Almeida
Diretor de operações e produção gráfica	Reginaldo Soares Damasceno

---

Dados Internacionais de Catalogação na Publicação (CIP)
(Câmara Brasileira do Livro, SP, Brasil)

Carpaneda, Isabella Pessôa de Melo
   Língua portuguesa : Isabella, 2º ano / 1. ed. –
São Paulo : FTD, 2018.

   Bibliografia.
   ISBN 978-85-96-01578-3 (aluno)
   ISBN 978-85-96-01579-0 (professor)

   1. Português (Ensino fundamental) I. Título.

18-15143   CDD-372.6

Índices para catálogo sistemático:
   1. Português : Ensino fundamental   372.6

Maria Alice Ferreira – Bibliotecária – CRB-8/7964

1 2 3 4 5 6 7 8 9

Envidamos nossos melhores esforços para localizar e indicar adequadamente os créditos dos textos e imagens presentes nesta obra didática. No entanto, colocamo-nos à disposição para avaliação de eventuais irregularidades ou omissões de crédito e consequente correção nas próximas edições. As imagens e os textos constantes nesta obra que, eventualmente, reproduzam algum tipo de material de publicidade ou propaganda, ou a ele façam alusão, são aplicados para fins didáticos e não representam recomendação ou incentivo ao consumo.

Reprodução proibida: Art. 184 do Código Penal e Lei 9.610 de 19 de fevereiro de 1998.
Todos os direitos reservados à **EDITORA FTD**.

Produção gráfica
FTD EDUCAÇÃO | GRÁFICA & LOGÍSTICA
Avenida Antônio Bardella, 300 - 07220-020 GUARULHOS (SP)
Fone: (11) 3545-8600 e Fax: (11) 2412-5375

A - 706.868/21

Rua Rui Barbosa, 156 – Bela Vista – São Paulo – SP
CEP 01326-010 – Tel. 0800 772 2300
Caixa Postal 65149 – CEP da Caixa Postal 01390-970
www.ftd.com.br
central.relacionamento@ftd.com.br

A comunicação impressa
e o papel têm uma ótima
história ambiental
para contar

www.twosides.org.br

SUMÁRIO

UNIDADE 1 — PALAVRAS PARA LER E OUVIR ... 8

CAPÍTULO 1 • POEMAS QUE ENCANTAM ... 10
- **LEITURA** • POEMA: UM ABRAÇO PASSO A PASSO, DE TINO FREITAS ... 10
- **DE CARONA COM O TEXTO** • POEMA: UM ABRAÇO PASSO A PASSO, DE TINO FREITAS ... 15
- **NOSSA LÍNGUA** • ALFABETO: MAIÚSCULO E MINÚSCULO ... 16
- RODA DE LEITURA ... 21
- **JÁ SEI LER!** • PARLENDA: SUCO GELADO, DO FOLCLORE ... 22
- **EXPRESSÃO ORAL** • RECITAL DE POEMAS ... 24
- **MAIS SOBRE...** POEMA ... 25

CAPÍTULO 2 • JEITO POÉTICO DE CONTAR ... 26
- **LEITURA** • POEMA: SONO PESADO, DE CLÁUDIO THEBAS ... 26
- **DE TEXTO EM TEXTO** • CONTO: CLARICE BEAN SOU EU, DE LAUREN CHILD ... 30
- **NOSSA LÍNGUA** • ORDEM ALFABÉTICA ... 32
- **COM QUE LETRA?** • PALAVRAS COM F OU V ... 35
- **VIVA A DIVERSIDADE!** • VALORES QUE NÃO TÊM PREÇO ... 37
- **PRODUÇÃO TEXTUAL** • LIVRO DE POEMAS ... 39

UNIDADE 2 — EXPERIMENTAR, CONSTRUIR E BRINCAR ... 42

CAPÍTULO 1 • INSTRUÇÕES PARA EXPERIMENTO ... 44
- **LEITURA** • TEXTO INSTRUCIONAL: COMO AS PLANTAS BEBEM ... 44
- **EXPRESSÃO ORAL** • RELATO DE EXPERIMENTO ... 47
- **NOSSA LÍNGUA** • LETRA CURSIVA ... 49
- **DE CARONA COM O TEXTO** • REGRAS DE CONVIVÊNCIA NA ESCOLA ... 53
- **ESPAÇO LITERÁRIO** • A GALINHA RUIVA, DE CLAUDIO FRAGATA ... 55
- **JÁ SEI LER!** • PARLENDA: LÁ NO CHÃO TINHA UM CHICLETE, DE ROSANE PAMPLONA ... 56
- **COM QUE LETRA?** • PALAVRAS COM P OU B ... 58

CAPÍTULO 2 • INSTRUÇÕES PARA CONSTRUIR ... 60
- **LEITURA** • TEXTO INSTRUCIONAL: PASSA-BOLINHA ... 60
- **MAIS SOBRE...** TEXTO INSTRUCIONAL ... 63
- **SÓ PARA LEMBRAR** • SÍLABA ... 64
- **COM QUE LETRA?** • PALAVRAS COM T OU D ... 66
- **PRODUÇÃO TEXTUAL** • INSTRUÇÕES PARA FAZER O PASSA-BOLINHA ... 68
- **VIVA A DIVERSIDADE!** • CRIANÇA BRINCA! ... 70

UNIDADE 3 — UMA MENSAGEM PARA VOCÊ!

72

CAPÍTULO 1 • O CARTEIRO CHEGOU! ... 74
   LEITURA • CARTA PARA SÁVIA DUMONT, DOS ALUNOS DO 4.º ANO B DO COLÉGIO SÃO DOMINGOS ... 74
   MAIS SOBRE... CARTA PESSOAL ... 76
   DE CARONA COM O TEXTO • CARTA ... 78
   NOSSA LÍNGUA • FRASE ... 79
   COM QUE LETRA? • PALAVRAS COM **C** OU **G** ... 81
   JÁ SEI LER! • PARLENDA: **FUI PASSAR NA PINGUELINHA**, DO FOLCLORE ... 83
   DE TEXTO EM TEXTO • *E-MAIL* ... 84

CAPÍTULO 2 • CARTAS NA LITERATURA ... 86
   LEITURA • **AS CARTAS DE RONROROSO**, DE HIAWYN ORAM ... 86
   DE CARONA COM O TEXTO • INGREDIENTES PARA UMA POÇÃO MÁGICA ... 89
   JÁ SEI LER! • **QUE SUJEIRA!**, DE PEDRO BANDEIRA ... 90
   EXPRESSÃO ORAL • ENTREVISTA COM PESSOA DA COMUNIDADE SOBRE O ENVIO DE CARTAS PELO CORREIO ... 91
   PRODUÇÃO TEXTUAL • MENSAGEM VIA *E-MAIL* ... 92
   VIVA A DIVERSIDADE! • COMUNICAÇÃO: DIREITO DE TODOS! ... 94

UNIDADE 4 — E LÁ VEM HISTÓRIA...

96

CAPÍTULO 1 • BICHOS DE JARDIM ... 98
   LEITURA • CONTO: **A MINHOCA E OS PASSARINHOS**, DE SYLVIE GIRARDET ... 98
   MAIS SOBRE... CONTO ... 103
   NOSSA LÍNGUA • PONTUAÇÃO: PONTO FINAL (**.**), PONTO DE EXCLAMAÇÃO (**!**) E PONTO DE INTERROGAÇÃO (**?**) ... 104
   DE TEXTO EM TEXTO • POEMA: **A MINHOCA FILOMENA**, DE MÁRCIA GLÓRIA RODRIGUEZ DOMINGUEZ ... 106
   PRODUÇÃO TEXTUAL • REESCRITA DE CONTO ... 109
   EXPRESSÃO ORAL • APRESENTAÇÃO ORAL DE CONTO ... 110

CAPÍTULO 2 • BICHOS AMIGOS ... 111
   LEITURA • CONTO: **BICHO DE ESTIMAÇÃO**, DE ORLANDO DE MIRANDA ... 111
   DE CARONA COM O TEXTO • LISTA DE INGREDIENTES ... 115
   JÁ SEI LER! • CANTIGA: **O PASSEIO DO JACARÉ**, DO FOLCLORE ... 116
   NOSSA LÍNGUA • NOME PRÓPRIO E NOME COMUM ... 118
   COM QUE LETRA? • PALAVRAS COM **GUE** OU **GUI** ... 121
   ESPAÇO LITERÁRIO • **MENINA BONITA DO LAÇO DE FITA**, DE ANA MARIA MACHADO ... 123
   VIVA A DIVERSIDADE! • CRIANÇAS TÊM DIREITOS ... 124

UNIDADE 5 • SERÁ IMAGINAÇÃO? 128

CAPÍTULO 1 • HISTÓRIAS DO POVO BRASILEIRO 130
- **LEITURA** • LENDA: **POTIRA**, DE JONAS RIBEIRO 130
- **MAIS SOBRE...** LENDA 134
- **ESPAÇO LITERÁRIO** • LENDA: **A JURUVA E O FOGO**, RECONTADA POR FLÁVIA MUNIZ 135
- **PRODUÇÃO TEXTUAL** • ORDENAÇÃO DE PARTES DA LENDA E CRIAÇÃO DE FINAL 136
- **JÁ SEI LER!** • CORDEL: **CURUPIRA**, DE CÉSAR OBEID 137
- **EXPRESSÃO ORAL** • APRESENTAÇÃO DE PERSONAGENS DO FOLCLORE BRASILEIRO ... 138
- **COM QUE LETRA?** • PALAVRAS COM **H** INICIAL 139

CAPÍTULO 2 • SERES FANTÁSTICOS 141
- **LEITURA** • LENDA: **MAPINGUARI, O FEDORENTO**, DE REGINA CLARO 141
- **NOSSA LÍNGUA** • SINÔNIMOS 144
- **DE TEXTO EM TEXTO** • POEMA: **QUEM TEM MEDO DE MONSTRO?**, DE FANNY JOLY 146
- **COM QUE LETRA?** • PALAVRAS COM **CH**, **LH** OU **NH** 151
- **VIVA A DIVERSIDADE!** • A SABEDORIA DAS PESSOAS MAIS VELHAS 153

UNIDADE 6 • ANÚNCIOS POR TODA PARTE 154

CAPÍTULO 1 • ANUNCIANDO IDEIAS 156
- **LEITURA** • ANÚNCIO PUBLICITÁRIO SOBRE SAÚDE BUCAL 156
- **NOSSA LÍNGUA** • FRASES AFIRMATIVAS, NEGATIVAS, INTERROGATIVAS E EXCLAMATIVAS (PONTUAÇÃO) 159
- **EXPRESSÃO ORAL** • ENTREVISTA COM UM AGENTE DE SAÚDE SOBRE SAÚDE BUCAL 164
- **MAIS SOBRE...** ANÚNCIO 165
- **DE CARONA COM O TEXTO** • IMPORTÂNCIA DAS IMAGENS NOS ANÚNCIOS 167
- **COM QUE LETRA?** • PALAVRAS COM **C** OU **Ç** 168
- **PRODUÇÃO TEXTUAL** • CAMPANHA PARA ALERTAR AS PESSOAS PARA A IMPORTÂNCIA DA HIGIENE BUCAL 170

CAPÍTULO 2 • ANUNCIANDO PRODUTOS 172
- **LEITURA** • ANÚNCIO PUBLICITÁRIO DE ÁGUA MINERAL 172
- **NOSSA LÍNGUA** • ANTÔNIMOS 174
- **JÁ SEI LER!** • POEMA: **UM PASSARINHO NO NINHO**, DE RUTH ROCHA 176
- **VIVA A DIVERSIDADE!** • CONSUMO CONSCIENTE 178

UNIDADE 7 • ERA UMA VEZ... 180

CAPÍTULO 1 • NA MAGIA DO CONTO... 182
- **LEITURA** • CONTO: **O MINGAU DOCE**, DE JACOB GRIMM E WILHELM GRIMM 182
- **DE CARONA COM O TEXTO** • A IMPORTÂNCIA DAS RIMAS 187
- **MAIS SOBRE...** CONTO MARAVILHOSO 188
- **JÁ SEI LER!** • POEMA: **ERA UMA VEZ...**, DE NANI............................ 190
- **NOSSA LÍNGUA** • PARÁGRAFO E PONTUAÇÃO EM DIÁLOGO 192
- **COM QUE LETRA?** • LETRA **R** EM DIFERENTES POSIÇÕES........................ 195

CAPÍTULO 2 • PERSONAGENS FANTÁSTICOS.. 199
- **LEITURA** • CONTO: **OS CABRITOS DA MONTANHA**, DE CRISTINA PORTO 199
- **SÓ PARA LEMBRAR** • PARÁGRAFO E MARCAS TEMPORAIS............................ 207
- **NOSSA LÍNGUA** • AUMENTATIVO E DIMINUTIVO.................................... 208
- **DE TEXTO EM TEXTO** • ESCULTURA **FELTÉPVE**, DE ERVIN LORANTH HERVÉ 209
- **EXPRESSÃO ORAL** • CRIAÇÃO E APRESENTAÇÃO DE SER FANTÁSTICO 210
- **PRODUÇÃO TEXTUAL** • NOVA VERSÃO PARA CONTO LIDO............................ 211
- **VIVA A DIVERSIDADE!** • CONVERSANDO A GENTE SE ENTENDE!..................... 213

ILUSTRAÇÕES: SIMONE ZIASCH, TÂNIA RICCI

UNIDADE 8 • NATUREZA INCRÍVEL 214

CAPÍTULO 1 • VIDA DE BARATA 216
  LEITURA • ARTIGO DE DIVULGAÇÃO CIENTÍFICA: **O QUE É QUE A BARATA TEM?**, DE SHIRLEY PARADIZO 216
  MAIS SOBRE... ARTIGO DE DIVULGAÇÃO CIENTÍFICA 221
  ESPAÇO LITERÁRIO • CONTO: **O CASAMENTO DA DONA BARATINHA**, DE LUÍS CAMARGO ... 222
  COM QUE LETRA? • SOM NASAL 224
  SÓ PARA LEMBRAR • FRASE 226

CAPÍTULO 2 • BICHOS DE JARDIM 227
  LEITURA • TEXTO: **A FORMIGA-CORTADEIRA** 227
  DE CARONA COM O TEXTO • DESAFIO COM NOMES DE ANIMAIS 229
  JÁ SEI LER! • CANTIGA: **FUI AO MERCADO**, DO FOLCLORE 230
  NOSSA LÍNGUA • USO DE PARÁGRAFOS EM ARTIGOS DE DIVULGAÇÃO CIENTÍFICA ... 232
  COM QUE LETRA? • PALAVRAS COM **M** OU **N** 235
  PRODUÇÃO TEXTUAL • CRIAÇÃO DE ARTIGO DE DIVULGAÇÃO CIENTÍFICA ... 238
  EXPRESSÃO ORAL • EXPOSIÇÃO ORAL EM VÍDEO 242
  VIVA A DIVERSIDADE! • RESPEITE A NATUREZA! 243

UNIDADE 9 • HISTÓRIAS COM ENSINAMENTOS 244

CAPÍTULO 1 • MORAL DA HISTÓRIA 246
  LEITURA • FÁBULA: **O GALO QUE LOGROU A RAPOSA**, DE MONTEIRO LOBATO ... 246
  MAIS SOBRE... FÁBULA 250
  NOSSA LÍNGUA • ADJETIVO 252
  SÓ PARA LEMBRAR • PONTUAÇÃO 255
  JÁ SEI LER! • POEMA: **DOIS GATOS FAZENDO HORA**, DE GUILHERME MANSUR ... 257
  DE CARONA COM O TEXTO • FOTOGRAFIA QUE ILUSTRA A FÁBULA **O LEÃO E O RATINHO**, DE RENÉ MILOT ... 258

CAPÍTULO 2 • QUEM DESDENHA QUER COMPRAR 259
  LEITURA • FÁBULA: **A RAPOSA E AS UVAS**, DE ESOPO 259
  COM QUE LETRA? • LETRAS **O** E **U**, **E** E **I** EM FINAL DE PALAVRAS 261
  DE TEXTO EM TEXTO • TEXTO TEATRAL: ADAPTAÇÃO DA FÁBULA **O MACACO E O COELHO**, DE LUÍS CAMARGO ... 264
  PRODUÇÃO TEXTUAL • CRIAÇÃO DE FINAL DE PEÇA TEATRAL (FÁBULA) ... 267
  ESPAÇO LITERÁRIO • CONTO: **MARIA VAI COM AS OUTRAS**, DE SYLVIA ORTHOF ... 269
  EXPRESSÃO ORAL • APRESENTAÇÃO DE PEÇA TEATRAL 270
  VIVA A DIVERSIDADE! • ATITUDES CONSCIENTES 271

REFERÊNCIAS BIBLIOGRÁFICAS 272
MATERIAL PARA DESTACAR 273
ADESIVOS 290

ILUSTRAÇÕES: ANDREA EBERT, BEATRIZ MAYUMI

UNIDADE 1

PALAVRAS PARA LER E OUVIR

SÉRGIO CAPPARELLI — MARIA ALICE PIMENTA

MÁRIO QUINTANA — AUTORIZAÇÃO CEDIDA BY ELENA QUINTANA. FOTO: FOLHAPRESS

ANA MARIA MACHADO — GONÇALO DINIZ

VICENTE MENDONÇA

1. VOCÊ SABE QUEM SÃO AS PESSOAS DAS FOTOS? JÁ VIU ESSAS FOTOS EM ALGUM LUGAR?

2. POR QUE VOCÊ ACHA QUE ELES ESTÃO AQUI EM SEU LIVRO?

3. OUÇA A LEITURA DO POEMA DA PÁGINA 10 E AS INFORMAÇÕES SOBRE QUEM O ESCREVEU. DEPOIS COMPLETE A GALERIA DE FOTOS DESTA PÁGINA DESENHANDO O POETA TINO FREITAS.

NESTA UNIDADE VOCÊ VAI:
- OUVIR, LER, ESCREVER E RECITAR POEMAS.
- ESCREVER UM POEMA QUE FARÁ PARTE DE UM LIVRO DA TURMA.

CAPÍTULO

1 POEMAS QUE ENCANTAM

- OBSERVE A DISPOSIÇÃO DO TEXTO A SEGUIR. VOCÊ SE LEMBRA DE TER LIDO UM TEXTO COMO ESTE?
- PELA LEITURA DO TÍTULO E PELA OBSERVAÇÃO DAS ILUSTRAÇÕES, DO QUE VOCÊ ACHA QUE O TEXTO VAI TRATAR?

LEITURA

1. OUÇA A LEITURA DE UM TRECHO DO POEMA **UM ABRAÇO PASSO A PASSO**.

UM ABRAÇO PASSO A PASSO

DEI UM PASSO DE FORMIGA!
MAMÃE QUE VIU.
ALGUÉM DUVIDA?

AOS DOIS PASSOS DE GATO,
PAPAI AFIRMOU:
"QUE BARATO!".

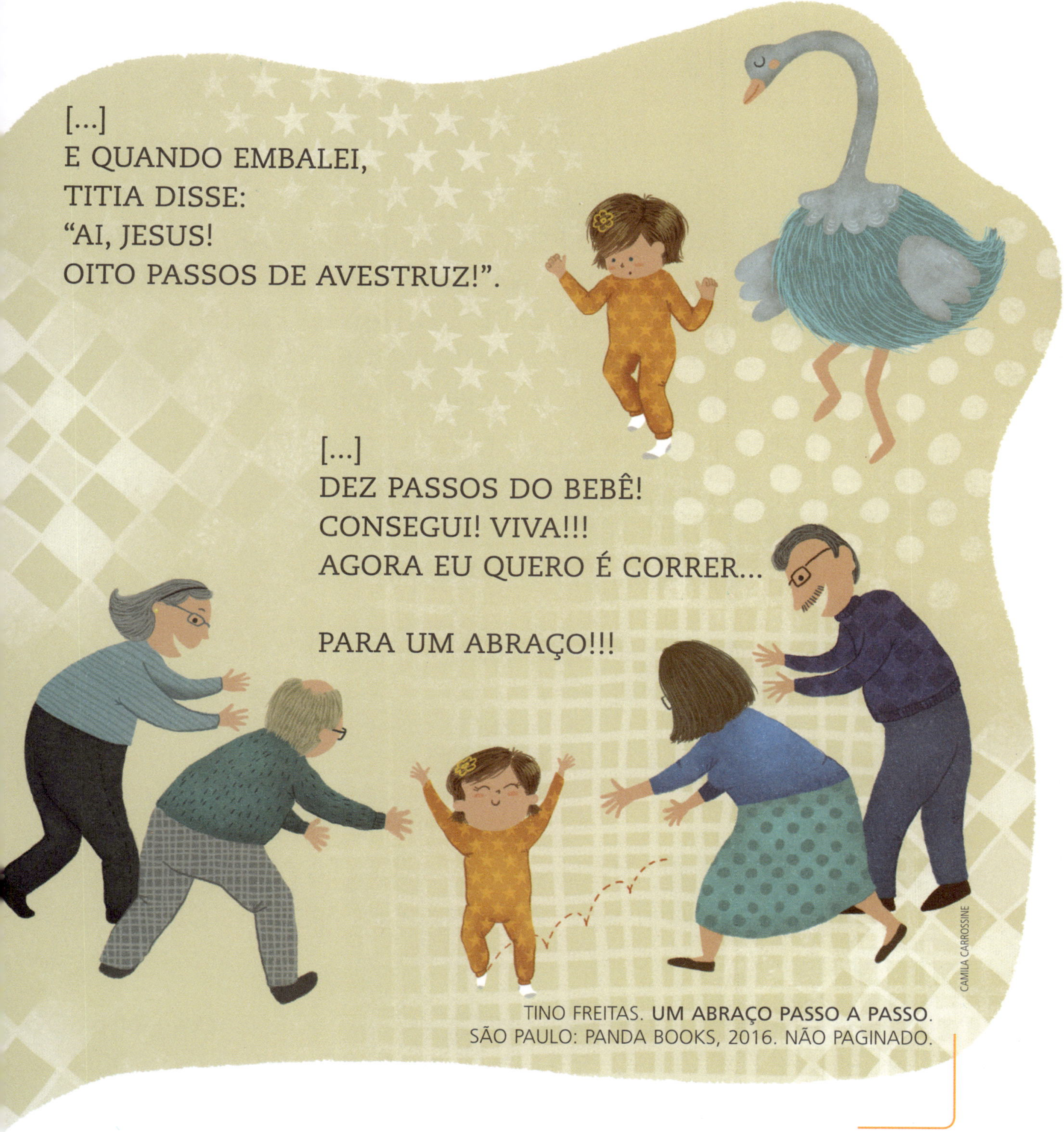

[...]
E QUANDO EMBALEI,
TITIA DISSE:
"AI, JESUS!
OITO PASSOS DE AVESTRUZ!".

[...]
DEZ PASSOS DO BEBÊ!
CONSEGUI! VIVA!!!
AGORA EU QUERO É CORRER...

PARA UM ABRAÇO!!!

CAMILA CARROSSINE

TINO FREITAS. **UM ABRAÇO PASSO A PASSO**.
SÃO PAULO: PANDA BOOKS, 2016. NÃO PAGINADO.

ANDRESSA ANHOLETE

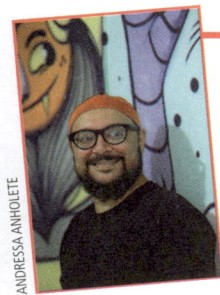

O CEARENSE **TINO FREITAS** É ESCRITOR, MÚSICO E JORNALISTA. SEUS LIVROS TÊM COMO PRINCIPAL CARACTERÍSTICA O HUMOR.

É TAMBÉM VOLUNTÁRIO NO PROJETO DO GRUPO ROEDORES DE LIVROS, QUE TRABALHA COM AÇÕES DE INCENTIVO À LEITURA NO ENTORNO DO DISTRITO FEDERAL.

2. RESPONDA.

A) QUEM ESCREVEU O POEMA?

B) O TÍTULO COMBINA COM O POEMA? POR QUÊ?

C) NA ILUSTRAÇÃO DO POEMA, ANIMAIS APARECEM PRÓXIMO ÀS PESSOAS. NA SUA OPINIÃO, ELES REALMENTE ESTÃO PRÓXIMOS AO BEBÊ ENQUANTO ELE ESTÁ APRENDENDO A ANDAR? JUSTIFIQUE.

D) VOCÊ SABE QUANDO APRENDEU A ANDAR? TEM REGISTROS DESSES MOMENTOS? COMENTE.

3. QUEM ESTÁ CONTANDO OS FATOS? MARQUE.

☐ UMA CRIANÇA. ☐ UM ADULTO.

4. QUE SENTIMENTO DA CRIANÇA FICA EVIDENCIADO NO POEMA? MARQUE.

☐ TRISTEZA. ☐ ENTUSIASMO. ☐ MEDO.

5. QUANDO A CRIANÇA ESTÁ APRENDENDO A ANDAR, É NATURAL QUE A FAMÍLIA TENTE INCENTIVAR.

• SUBLINHE NO POEMA QUEM SÃO AS PESSOAS QUE ESTÃO INCENTIVANDO O BEBÊ A ANDAR.

6. OS **POEMAS** SÃO ORGANIZADOS EM VERSOS. CADA LINHA DO POEMA É UM **VERSO**. RELEIA O PRIMEIRO VERSO DO POEMA.

DEI UM PASSO DE FORMIGA!

CAMILA CARROSSINE

• O PRIMEIRO PASSO FOI COMPARADO AO DE UMA FORMIGA PORQUE FOI:

☐ UM PASSO LONGO. ☐ UM PASSO CURTO.

7. RELEIA A ESTROFE A SEGUIR, OBSERVANDO AS PALAVRAS EM DESTAQUE.

> AOS DOIS PASSOS DE **GATO**,
> PAPAI AFIRMOU:
> "QUE **BARATO**!".

- MARQUE AS ALTERNATIVAS ADEQUADAS.

A) ESSAS PALAVRAS TERMINAM COM O MESMO SOM?

☐ SIM. ☐ NÃO.

B) ESSAS PALAVRAS TERMINAM COM AS MESMAS LETRAS?

☐ SIM. ☐ NÃO.

A REPETIÇÃO DE SONS PARECIDOS NOS FINAIS DAS PALAVRAS CHAMA-SE **RIMA**.

8. UM CONJUNTO DE VERSOS DE UM POEMA, SEPARADOS POR UM ESPAÇO EM BRANCO, É CHAMADO DE **ESTROFE**.

- RELEIA A ESTROFE A SEGUIR.

> E QUANDO **EMBALEI**,
> TITIA DISSE:
> "AI, JESUS!
> OITO PASSOS DE AVESTRUZ!".

A) MARQUE A ALTERNATIVA EM QUE A PALAVRA **EMBALEI** FOI USADA COM O MESMO SENTIDO QUE NO POEMA.

☐ EU **EMBALEI** O BEBÊ E ELE DORMIU.

☐ EU **EMBALEI** OS MÓVEIS PARA A MUDANÇA.

☐ EU **EMBALEI** A BICICLETA PARA SUBIR A RAMPA.

B) CIRCULE NESSA ESTROFE AS PALAVRAS QUE RIMAM.

- AS PALAVRAS QUE VOCÊ CIRCULOU TERMINAM COM AS MESMAS LETRAS?

  ☐ SIM.   ☐ NÃO.

- VOCÊ SABERIA EXPLICAR POR QUE ELAS RIMAM?

  _____
  _____

9. RESPONDA.

- POR QUE QUANDO A CRIANÇA ACELEROU OS PASSOS ELES FORAM COMPARADOS AOS PASSOS DO AVESTRUZ?

  _____
  _____

- AGORA ACOMPANHE A LEITURA QUE O PROFESSOR VAI FAZER DO **FIQUE SABENDO** PARA SABER SE O QUE VOCÊ PENSOU SE CONFIRMA.

FIQUE SABENDO

O AVESTRUZ É A MAIOR AVE DO MUNDO, MAS PAGA UM ALTO PREÇO POR ESSE RECORDE: NÃO PODE VOAR! CONTUDO, CONSEGUE CORRER A 65 KM/H, QUE É A MESMA VELOCIDADE DE UM CAVALO DE CORRIDA NAS PISTAS. ELE TAMBÉM SALTA OBSTÁCULOS DE APROXIMADAMENTE 1,5 M DE ALTURA. SÓ O SEU PESCOÇO TEM 1 M QUE, COMBINADO COM AS PERNAS COMPRIDAS E PODEROSAS, FAZ DELE A AVE MAIS ALTA DO PLANETA.

Geneviève de Becker. **100 ANIMAIS EXTRAORDINÁRIOS**. SÃO PAULO: GIRASSOL, 2011. P. 20.

- CONTE AOS COLEGAS O QUE VOCÊ JÁ SABIA E O QUE APRENDEU COM A LEITURA DO TEXTO.

DE CARONA COM O TEXTO

1. RELEIA O POEMA **UM ABRAÇO PASSO A PASSO** E SUBLINHE OS NÚMEROS QUE IDENTIFICAM A QUANTIDADE DE PASSOS DO BEBÊ.

- EM UMA ORDEM DE UM A DEZ, QUE NÚMEROS FICARAM FALTANDO?

2. COMPLETEM AS ESTROFES A SEGUIR ESCREVENDO NOMES DE ANIMAIS QUE RIMEM COM AS PALAVRAS EM DESTAQUE.

QUATRO PASSOS DE _____ !
DISSE FELIZ A **MADRINHA**.

CINCO PASSOS DE _____ !
EXCLAMOU VOVÔ **JOÃO**.

SEIS PASSOS DE _____ !
GRITOU TIO **NONATO**.

SETE PASSOS DE _____ !
FALOU DONA **MANU**.

NOSSA LÍNGUA

▼ ALFABETO – MAIÚSCULO E MINÚSCULO

1. ACOMPANHE A LEITURA DO PROFESSOR.

CUIDADO!

LÁ VEM ELE.
O QUE ESTÁ FAZENDO?
ELE ESTÁ COMENDO AS LETRAS!
DEVE ESTAR COM FOME!
ACHO QUE ELE PREFERE COMER O **O** E O **A**.
[...]

NICK BROMLEY. **ABRA COM CUIDADO**! UM LIVRO MORDIDO!
SÃO PAULO: BRINQUE-BOOK, 2013. P. 8-9.

A) DESCUBRA AS LETRAS QUE COMPLETAM AS PALAVRAS DA CONTINUAÇÃO DO TEXTO E ESCREVA.

P____ R____, SR. CR____ C____ D____ L____!

N____ ____ P____ D____

C____ M____ R L____ TR____ S!

NICK BROMLEY. **ABRA COM CUIDADO!**
UM LIVRO MORDIDO! SÃO PAULO: BRINQUE-BOOK, 2013. P. 9.

B) AGORA LEIA O TEXTO.

AS LETRAS DO NOSSO ALFABETO SÃO SÍMBOLOS QUE USAMOS PARA ESCREVER. COM ELAS, É POSSÍVEL ESCREVER AS PALAVRAS DA LÍNGUA PORTUGUESA.
O CONJUNTO DE LETRAS É CHAMADO **ALFABETO**.

2. O SR. CROCODILO ADORA COMER VOGAIS! DESCUBRA E ESCREVA AS VOGAIS QUE FALTAM NOS NOMES DAS GULOSEIMAS. DEPOIS, SEPARE AS SÍLABAS DAS PALAVRAS.

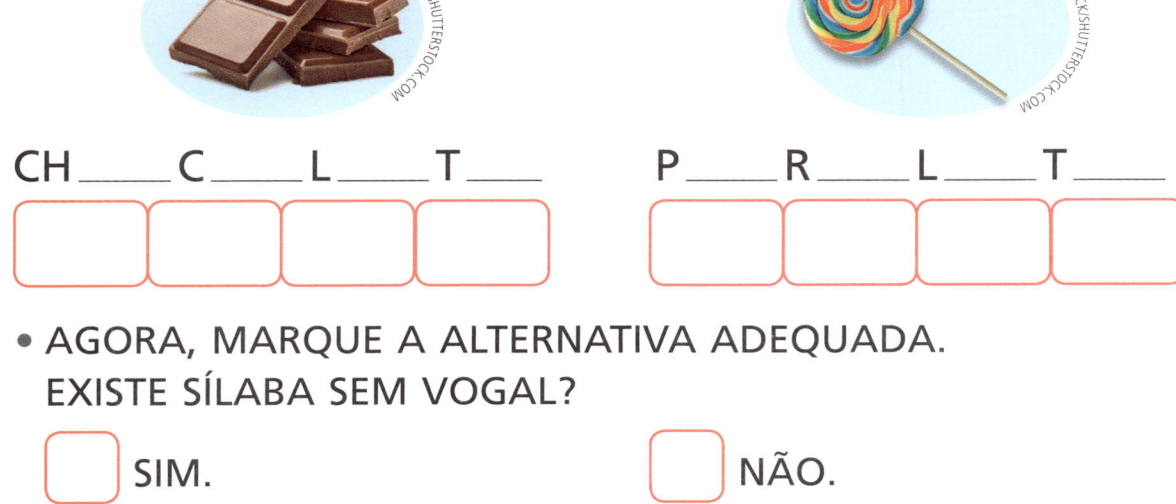

CH____C____L____T____   P____R____L____T____

- AGORA, MARQUE A ALTERNATIVA ADEQUADA. EXISTE SÍLABA SEM VOGAL?

  ☐ SIM.   ☐ NÃO.

3. OBSERVE O ALFABETO EM LETRAS **MAIÚSCULAS** E **MINÚSCULAS**. COMPLETE ESCREVENDO AS LETRAS MAIÚSCULAS QUE FALTAM. SE NECESSÁRIO, CONSULTE O ALFABETO EXPOSTO NA SALA.

AS LETRAS **A, E, I, O, U** SÃO **VOGAIS**.

AS LETRAS **B, C, D, F, G, H, J, L, M, N, P, Q, R, S, T, V, X, Z** SÃO **CONSOANTES**.

AS LETRAS **K (k), W (w)** E **Y (y)** SÃO EMPREGADAS GERALMENTE EM NOMES PRÓPRIOS, EM PALAVRAS DE ORIGEM ESTRANGEIRA OU EM ABREVIATURAS E SIGLAS.

O **K** É PRONUNCIADO COMO CONSOANTE. EXEMPLO: KARINA.

O **W** PODE SER PRONUNCIADO COMO VOGAL OU COMO CONSOANTE:

• (MESMO SOM DE **U**). EXEMPLO: WILIAM.

• (MESMO SOM DE **V**). EXEMPLO: WILMAR.

O **Y** É FALADO COMO VOGAL (MESMO SOM DE **I**). EXEMPLO: YASMIM.

• AGORA RECITE O ALFABETO COM OS COLEGAS.

4. PINTE AS PALAVRAS IGUAIS DA MESMA COR.

ABACATE	abacaxi	BANANA	COMIDA
TOMATE	PEPINO	abacate	pepino
banana	ABACAXI	comida	tomate

5. LEIA OS NOMES DAS FRUTAS E LOCALIZE-OS NO DIAGRAMA.

PERA

LIMÃO

CAQUI

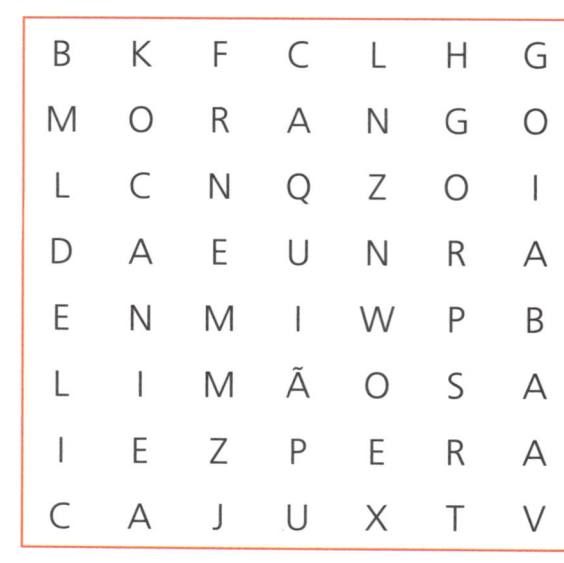

B	K	F	C	L	H	G
M	O	R	A	N	G	O
L	C	N	Q	Z	O	I
D	A	E	U	N	R	A
E	N	M	I	W	P	B
L	I	M	Ã	O	S	A
I	E	Z	P	E	R	A
C	A	J	U	X	T	V

GOIABA

CAJU

MORANGO

6. COMBINE COM UM COLEGA COMO DECORAR O TÊNIS A SEGUIR.

LISTEM AS CORES QUE VÃO USAR PARA QUE ELE FIQUE BEM ATRAENTE.

- ESCREVA O NOME DO COLEGA QUE TRABALHOU COM VOCÊ. SE PRECISAR, CONSULTE A LISTA DE ALUNOS DA TURMA.

_____

7. AGORA, COM OS COLEGAS E O PROFESSOR, FAÇA UMA LISTA ILUSTRADA COM OS NOMES DAS CORES FAVORITAS DA TURMA. O TRABALHO SERÁ EXPOSTO NO MURAL. A TURMA PODERÁ RECORRER A ESSA LISTA PARA AJUDAR A ESCREVER OUTRAS PALAVRAS. VEJA UM EXEMPLO:

8. EXISTEM MUITAS PALAVRAS E EXPRESSÕES QUE VOCÊ ESCREVE TODOS OS DIAS NA ESCOLA E, ÀS VEZES, TEM DÚVIDA NA HORA DE REGISTRAR.

- FAÇAM UMA LISTA DESSAS PALAVRAS E EXPRESSÕES AO LONGO DO ANO. ACRESCENTEM OU SUBSTITUAM PALAVRAS NESSA LISTA.

RODA DE LEITURA

SUA TURMA VAI FAZER VÁRIAS RODAS DE LEITURA AO LONGO DO ANO. DESSA FORMA, VOCÊ E SEUS COLEGAS IRÃO CONHECER MUITOS LIVROS, HISTÓRIAS, AUTORES E ILUSTRADORES. ALÉM DE SEREM LIDOS NA ESCOLA, OS LIVROS DAS RODAS PODERÃO SER LEVADOS PARA CASA E COMPARTILHADOS COM A FAMÍLIA.

LEIA ALGUNS COMBINADOS PARA CUIDAR BEM DOS LIVROS. DEPOIS CRIE OUTRO COM SUA TURMA.

1. MANUSEIE O LIVRO COM AS MÃOS LIMPAS E SECAS.

2. NÃO RISQUE OU DOBRE AS FOLHAS DO LIVRO.

3. FIQUE COM O LIVRO DURANTE O TEMPO COMBINADO. SE PRECISAR DE MAIS TEMPO, COMBINE COM O PROFESSOR.

4. _____

O PROFESSOR VAI DISTRIBUIR UMA FICHA DE LEITURA PARA CADA ALUNO ANOTAR A DATA EM QUE LEU O LIVRO, O TÍTULO DELE E REGISTRAR SUA OPINIÃO.

JÁ SEI LER!

1. RESPONDA.

A) VOCÊ GOSTA DE PULAR CORDA?

B) CONHECE ALGUMA PARLENDA OU CANÇÃO QUE É RECITADA NESSA BRINCADEIRA? QUAL?

• MEMORIZE A PARLENDA A SEGUIR. DEPOIS RECITE PULANDO CORDA. OUÇA AS REGRAS DA BRINCADEIRA.

> SUCO GELADO
> CABELO ARREPIADO
> QUAL É A LETRA
> DO SEU NAMORADO?
> A B C D E F G H I
> J K L M N O P Q R
> S T U V W X Y Z
>
> (FOLCLORE.)

• O QUE FAZ COM QUE ESSA E OUTRAS PARLENDAS SEJAM FÁCEIS DE MEMORIZAR?

2. QUE NOMES PODEM SER DITOS POR QUEM PULAR CORDA ATÉ AS LETRAS A SEGUIR? ESCREVA.

LETRA **F** _____ _____

LETRA **M** _____ _____

3. COPIE DO TEXTO AS EXPRESSÕES QUE COMBINAM COM AS FIGURAS.

4. MUDE A CONSOANTE E FORME OUTRAS PALAVRAS.

COMBINA COM MANTEIGA	P	Ã	O
MELHOR AMIGO DO HOMEM			
É PARTE DO CORPO HUMANO			
É O OPOSTO DE SIM			

5. LIGUE OS NOMES ÀS FIGURAS.

MOLA

COLA

BOLA

GOLA

SOLA

- CIRCULE AS CONSOANTES QUE FAZEM COM QUE AS PALAVRAS INDIQUEM COISAS DIFERENTES.

6. ESCREVA, COMO SOUBER, OUTRAS PALAVRAS QUE RIMEM COM AS DA ATIVIDADE ANTERIOR.

EXPRESSÃO ORAL

VOCÊ E OS COLEGAS VÃO PESQUISAR, LER E OUVIR MUITOS POEMAS.

DEPOIS, CADA UM VAI ESCOLHER UM POEMA PARA APRESENTAR EM UM RECITAL PARA UMA TURMA DE 1º ANO DA ESCOLA.

1 UTILIZE A BIBLIOTECA DA ESCOLA PARA A PESQUISA DO POEMA. CONSULTE TAMBÉM PESSOAS DA FAMÍLIA, AMIGOS, VIZINHOS.

2 APÓS A ESCOLHA, COPIE O POEMA OBSERVANDO A OCUPAÇÃO DAS PALAVRAS NA PÁGINA.

3 ENSAIE A LEITURA DELE EM VOZ ALTA.

DICA O ENSAIO VAI SERVIR PARA VOCÊ E OS COLEGAS TREINAREM O TOM DE VOZ, O RITMO E OS GESTOS QUE FARÃO.

4 NA ORDEM COMBINADA PELO PROFESSOR, FAÇA A APRESENTAÇÃO. INFORME O NOME DO AUTOR DO POEMA E DO LIVRO DE ONDE ELE FOI RETIRADO. LEIA OU RECITE DE COR O SEU POEMA.

DICA DURANTE A APRESENTAÇÃO, SEJA ESPONTÂNEO, FAÇA GESTOS E PROCURE EXPRESSAR EMOÇÃO. SE ESTIVER LENDO, OLHE PARA A PLATEIA DE VEZ EM QUANDO.

5 ENCERRADA A APRESENTAÇÃO, O REPRESENTANTE DA TURMA AGRADECERÁ A ATENÇÃO DE TODOS.

MAIS SOBRE... POEMA

1. LEIA O TÍTULO E OBSERVE A ILUSTRAÇÃO DO POEMA.

RESFRIADO

O COLCHÃO DO MENINO
ACORDOU RESFRIADO:

AAAAAATCHIM!

COMO É TRISTE DORMIR SECO
E ACORDAR TODO MOLHADO...

CARLOS QUEIROZ TELLES. **ABOBRINHA QUANDO CRESCE**. 2. ED. SÃO PAULO: MODERNA, 2010. NÃO PAGINADO.

2. LEIA E RESPONDA.

OS POEMAS BRINCAM COM PALAVRAS, SENSAÇÕES E SENTIDOS. EM ALGUNS POEMAS SÃO ATRIBUÍDAS CARACTERÍSTICAS HUMANAS A OBJETOS, ANIMAIS E OUTROS SERES.

A) NESSE POEMA, QUE OBJETO GANHOU CARACTERÍSTICAS HUMANAS?

B) QUAL FOI ESSA CARACTERÍSTICA?

C) NA SUA OPINIÃO, POR QUE O COLCHÃO AMANHECEU RESFRIADO?

3. A SONORIDADE, OU SEJA, O SOM AGRADÁVEL QUE PODE DAR RITMO AOS TEXTOS, É UMA MARCA IMPORTANTE NOS POEMAS. SUBLINHE AS PALAVRAS QUE DÃO SONORIDADE AO POEMA **RESFRIADO**.

CAPÍTULO

2 JEITO POÉTICO DE CONTAR

- QUANDO VOCÊ SE LEVANTA CEDO, COMO SE SENTE?
- VOCÊ JÁ OUVIU A EXPRESSÃO **SONO PESADO**? SABE O QUE ELA SIGNIFICA?
- DO QUE VOCÊ ACHA QUE O POEMA VAI TRATAR?

LEITURA

1. OUÇA A LEITURA DE UM TRECHO DO POEMA **SONO PESADO**. DEPOIS LEIA O POEMA COM OS COLEGAS, DE ACORDO COM A LEGENDA.

    MENINOS   MENINAS    MENINOS E MENINAS

SONO PESADO

🟩 TOCA O DESPERTADOR
E MEU PAI VEM ME CHAMAR:
— LEVANTA, FILHO, LEVANTA,
TÁ NA HORA DE ACORDAR.

🟨 UMA COISA, NO ENTANTO,
IMPEDE QUE EU ME LEVANTE:
SENTADO NAS MINHAS COSTAS,
HÁ UM ENORME ELEFANTE.

[...]

🟦 O SONO, QUE ESTAVA BOM,
FICA AINDA MAIS PESADO.
COMO EU POSSO LEVANTAR
COM O BICHÃO AÍ SENTADO?

[...]

🟩 — ESPERA UM POUCO, PAPAI...
NÃO PRECISA SER AGORA.
DAQUI A CINCO MINUTOS,
O ELEFANTE VAI EMBORA!

🟨 MAS MEU PAI INSISTE TANTO,
QUE EU LEVANTO, CARRANCUDO.
VOU PRA ESCOLA, QUE REMÉDIO,
COM O BICHO NAS COSTAS E TUDO!

CARRANCUDO: QUE MOSTRA NO ROSTO O SEU DESCONTENTAMENTO; ABORRECIDO, MAL-HUMORADO.

CLÁUDIO THEBAS. **AMIGOS DO PEITO**. ILUSTRAÇÕES DE EVA FURNARI. SÃO PAULO: FORMATO, 2008. P. 6-7.

CLÁUDIO THEBAS É ESCRITOR, PALHAÇO, EDUCADOR E INSISTENTE: INSISTE EM ACREDITAR QUE, JUNTOS, A GENTE PODE DEIXAR O MUNDO MAIS LEGAL.

JÁ PUBLICOU DIVERSOS LIVROS INFANTIS E JUVENIS, SENDO ALGUNS DELES PREMIADOS.

2. RESPONDA.

A) QUEM ESCREVEU O POEMA?

B) QUAL O TEMA DO POEMA?

C) QUEM CONTA OS FATOS NARRADOS NO POEMA: O PAI, O MENINO OU O ELEFANTE?

D) VOCÊ SE IDENTIFICA COM O MENINO DO POEMA? POR QUÊ?

E) O QUE DÁ SONORIDADE AO POEMA?

F) COMO AS PALAVRAS DO POEMA OCUPAM O ESPAÇO NA PÁGINA?

3. MARQUE A ALTERNATIVA ADEQUADA.

- NO POEMA, O ELEFANTE SIGNIFICA:

  ☐ QUE O ANIMAL ESTÁ NAS COSTAS DO MENINO.

  ☐ QUE O SONO É MUITO PESADO.

  ☐ UMA MOCHILA PESADA.

4. NA SUA OPINIÃO, POR QUE NO POEMA HÁ UMA COMPARAÇÃO ENTRE O SONO E O ELEFANTE?

_____

_____

5. LEIA ESTE TRECHO DO POEMA.

> TOCA O DESPERTADOR
> E MEU PAI VEM ME CHAMAR:
> — LEVANTA, FILHO, LEVANTA,
> TÁ NA HORA DE ACORDAR.

A) DE QUEM É A FALA DESTACADA?

_____

B) SUBLINHE AS PARTES QUE LEVARAM VOCÊ A ESSA CONCLUSÃO.

6. O PAI CHAMA O FILHO VÁRIAS VEZES. A REPETIÇÃO DA PALAVRA **LEVANTA** PODE SIGNIFICAR:

☐ QUE O PAI ESTÁ BRAVO.

☐ A PREGUIÇA DO PAI.

☐ A INSISTÊNCIA DO PAI.

7. RELEIA O FINAL DO POEMA.

> VOU PRA ESCOLA, **QUE REMÉDIO**,
> COM O BICHO NAS COSTAS E TUDO!

A) A EXPRESSÃO DESTACADA QUER DIZER:

☐ MEDICAMENTO AMARGO.

☐ NÃO HÁ OUTRO JEITO.

B) ESSE TRECHO PASSA A IDEIA DE QUE O MENINO ESTÁ:

☐ CONFORMADO. ☐ ADMIRADO. ☐ INDECISO.

#FICA A DICA

AMIGOS DO PEITO, CLÁUDIO THEBAS, FORMATO.

NESTA OBRA, OS POEMAS MUSICADOS EM VÁRIOS RITMOS NARRAM UM DIA INTEIRO DE UM MENINO. A HORA DE ACORDAR, IR À ESCOLA, AS BRINCADEIRAS COM OS AMIGOS SÃO ALGUNS DOS TEMAS DESSA DIVERTIDA LEITURA.

SERÁ INTERESSANTE SE VOCÊ E OS COLEGAS FIZEREM UMA RODA DE LEITURA COM ESTE E OUTROS LIVROS DE POEMAS.

DE TEXTO EM TEXTO

1. OBSERVE A CENA A SEGUIR E CONTE PARA OS COLEGAS COMO VOCÊ IMAGINA QUE É CLARICE BEAN, PERSONAGEM DO TRECHO DO CONTO QUE VOCÊ VAI LER.

- NESSE TRECHO DO CONTO, CLARICE BEAN SE APRESENTA. LEIA COM O PROFESSOR E OS COLEGAS.

CLARICE BEAN SOU EU

ESTA SOU EU: CLARICE BEAN.
[...]
EU GOSTO DE PAZ E SOSSEGO, MAS NO MEU QUARTO É IMPOSSÍVEL. ESTOU SEMPRE CORRENDO POR AÍ. MEU QUARTO É PEQUENO, CHEIO DE COISAS AMONTOADAS. GOSTO DE TER UM MONTÃO DE COISAS. NUNCA SE SABE — DE REPENTE POSSO PRECISAR.

TENHO UM IRMÃO MAIS NOVO, O GRILO FALANTE.

COMO TENHO QUE DIVIDIR MEU QUARTO COM ELE, FIZ UMA LINHA BEM NO MEIO. SE ELE ENCOSTAR O DEDO DO PÉ NO MEU LADO, AI DELE!
[...]

LAUREN CHILD. **CLARICE BEAN SOU EU**. TRADUÇÃO DE ÉRICO ASSIS. SÃO PAULO: ÁTICA, 2005. NÃO PAGINADO.

2. NOS POEMAS DESTA UNIDADE, VOCÊ OBSERVOU QUE AS LINHAS SÃO MAIS CURTAS E NÃO VÃO ATÉ A MARGEM DIREITA DA PÁGINA. VOCÊ JÁ ESTUDOU QUE CADA LINHA DE UM POEMA É CHAMADA **VERSO**.

- DISCUTA A QUESTÃO ABAIXO COM OS COLEGAS. O PROFESSOR VAI REGISTRAR NA LOUSA A CONCLUSÃO DA TURMA.

> EM RELAÇÃO À ORGANIZAÇÃO DO TEXTO NA PÁGINA, O CONTO **CLARICE BEAN SOU EU** É DIFERENTE DE UM POEMA? POR QUÊ?

3. DAS PALAVRAS A SEGUIR, QUAIS INDICAM AS CARACTERÍSTICAS OU O JEITO DE SER DA PERSONAGEM CLARICE BEAN? MARQUE.

- ☐ ENGRAÇADA.
- ☐ ORGANIZADA.
- ☐ TRISTE.
- ☐ DESORGANIZADA.
- ☐ ALEGRE.
- ☐ TRANQUILA.
- ☐ CRIATIVA.
- ☐ IMPLICANTE.

- JUSTIFIQUE ORALMENTE AS SUAS ESCOLHAS, USANDO COMO REFERÊNCIA O TRECHO DO CONTO E AS ILUSTRAÇÕES.

4. ESCREVA TRÊS PALAVRAS QUE, NA SUA OPINIÃO, DIZEM COMO VOCÊ É.

_____ _____ _____

NOSSA LÍNGUA

▼ ORDEM ALFABÉTICA

1. O POEMA A SEGUIR DÁ CONSELHOS DIVERTIDOS. LEIA E COMPLETE O ÚLTIMO VERSO.

BONS CONSELHOS DE ANIMAIS AMIGOS

PENSE BEM NO SEU PLANO
RECOMENDA O TUCANO!
[...]
NÃO SEJA RESMUNGÃO E CHATO
DIZEM O CAMALEÃO E O PATO!
[...]
ÀS VEZES DIGA **SIM**, OUTRAS **NÃO**
RECOMENDA O ESCORPIÃO!
[...]
FAÇA TUDO COM ESTILO

RECOMENDA O _____!

RICHARD ZIMLER. **DANCE QUANDO CHEGAR AO FIM:** BONS CONSELHOS DE AMIGOS ANIMAIS. RIO DE JANEIRO: GALERA RECORD, 2013. P. 6, 12, 16 E 29.

A) CONTE PARA OS COLEGAS AS PISTAS QUE VOCÊ SEGUIU PARA COMPLETAR O ÚLTIMO VERSO.

B) CIRCULE NO POEMA OS NOMES DOS ANIMAIS.

C) ESCREVA ESSES NOMES EM ORDEM ALFABÉTICA.

_____

_____

> NO ALFABETO, AS LETRAS APARECEM EM UMA SEQUÊNCIA CHAMADA **ORDEM ALFABÉTICA**.

2. LIGUE OS PONTOS NA ORDEM ALFABÉTICA, DESCUBRA A FIGURA E VEJA SE VOCÊ ACERTOU O NOME DO ANIMAL QUE COMPLETA O ÚLTIMO VERSO.

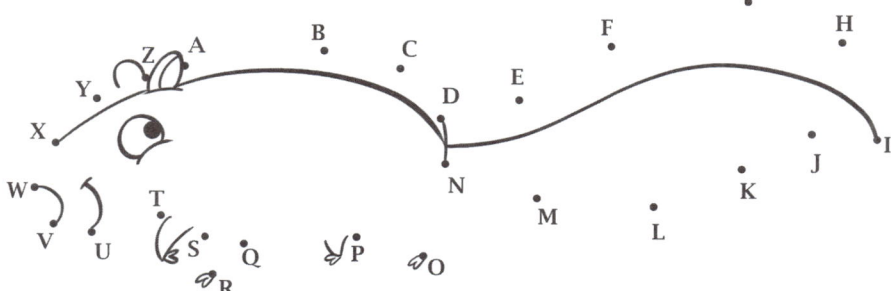

3. VEJA A IMAGEM DE UMA AGENDA DE TELEFONE CELULAR.

• RESPONDA.

A) QUE ORDEM FOI USADA PARA ORGANIZAR OS NOMES?

B) POR QUE AS AGENDAS DE TELEFONE SÃO ORGANIZADAS ASSIM?

4. ESCREVA MAIS DOIS EXEMPLOS DE MATERIAIS E PUBLICAÇÕES EM QUE O USO DA ORDEM ALFABÉTICA É IMPORTANTE.

_____   _____

5. ESCREVA AS LETRAS QUE VÊM ANTES E DEPOIS DAS QUE ESTÃO EM DESTAQUE.

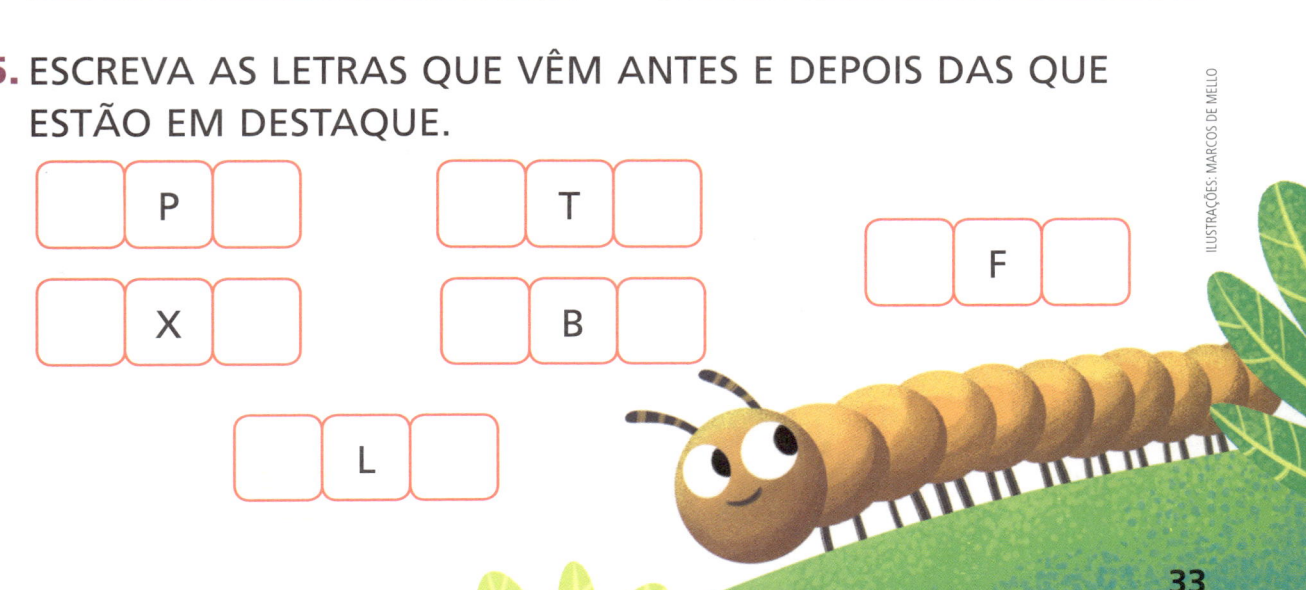

6. UMA PROFESSORA LISTOU, EM ORDEM ALFABÉTICA, GRUPOS PARA O ESTUDO DE ANIMAIS MARINHOS. LEIA.

GRUPO: **ORCA**	GRUPO: **CAVALO-MARINHO**
ALICE	HELENA
	KEILA
DAVI	
FABIANA	PEDRO
GABRIELA	TATIANA

A) COMPLETE AS LISTAS DOS GRUPOS COM OS NOMES ABAIXO, SEGUINDO A ORDEM ALFABÉTICA.

DICA VALE CONSULTAR O ALFABETO EXPOSTO NA SALA DE AULA.

B) QUE LETRA FOI OBSERVADA PARA DETERMINAR EM QUE ORDEM SERIAM ESCRITOS OS NOMES **FABIANA** E **FELIPE**?

COM QUE LETRA?

▼ **PALAVRAS COM F OU V**

1. LEIA O POEMA.

O VENTO

O VENTO
VENTA
E INVENTA
MIL MANEIRAS DE VENTAR:

VENTA FRACO,
VENTA FORTE,
VENTA GOSTOSO,
FEITO UM BEIJO ANTES DE DORMIR.
[...]

LUÍS CAMARGO. **O CATA-VENTO E O VENTILADOR**.
SÃO PAULO: FTD, 1988. P. 19.

2. RESPONDA.

A) QUAL SOM MAIS SE REPETE NO POEMA?

B) NA SUA OPINIÃO, O QUE A REPETIÇÃO DESSE SOM FAZ LEMBRAR?

3. COPIE DO POEMA AS PALAVRAS QUE TÊM AS LETRAS:

F _____

V _____

4. ESCREVA NOS ☐ O NÚMERO DE LETRAS DAS PALAVRAS A SEGUIR.

DEPOIS, ENCONTRE E CIRCULE OS NOMES DAS FIGURAS NAS PALAVRAS. ESCREVA.

☐ FIVELA ➡ _____

☐ ALMOFADA ➡ _____

☐ GAVIÃO ➡ _____

5. SUBLINHE OS NOMES DAS FIGURAS.

V A Q U E I R O   V A R I N H A   F I L A
F A Q U E I R O   F A R I N H A   V I L A

- PINTE DE COR CLARINHA AS LETRAS QUE MUDAM EM CADA PAR DE PALAVRAS.
- COMPLETE AS FRASES COM AS PALAVRAS QUE VOCÊ NÃO SUBLINHOU.

A) O _____ NOVO É MUITO BONITO.

B) A FADA TEM UMA _____ DE CONDÃO.

C) A PRAÇA DA _____ ESTÁ TODA ENFEITADA.

VIVA A DIVERSIDADE!

▼ VALORES QUE NÃO TÊM PREÇO

HÁ COISAS QUE TÊM PREÇO E PODEM SER COMPRADAS E HÁ OUTRAS QUE NÃO TÊM PREÇO, MAS SÃO IMPORTANTES PARA NÓS; POR ISSO, É PRECISO QUE SEJAM CONQUISTADAS.

1 LEIA O TEXTO COM OS COLEGAS.

> UM LIVRO INTERESSANTE TEM UM PREÇO.
> A ALEGRIA DE APRENDER NÃO TEM PREÇO.
> [...]
> UM BOLO DE CHOCOLATE TEM UM PREÇO.
> COMER DE OLHOS FECHADOS NÃO TEM PREÇO.
>
> JONAS RIBEIRO. **O QUE NÃO TEM PREÇO**. ILUSTRAÇÕES DE FÁBIO SGROI. BRASÍLIA, DF: MAIS ATIVOS EDUCAÇÃO FINANCEIRA, 2016. P. 4 E 8.

- HÁ COISAS IMPORTANTES QUE CONQUISTAMOS E PELAS QUAIS NÃO TEMOS DE PAGAR. VOCÊ SABERIA DAR ALGUM EXEMPLO?

_____
_____
_____

- O QUE FAZ VOCÊ FELIZ E NÃO PRECISA SER COMPRADO?

_____
_____
_____
_____

2 ACOMPANHE A LEITURA QUE O PROFESSOR VAI FAZER DA LISTA A SEGUIR.

- JUNTE-SE A UM COLEGA E ESCREVA MAIS QUATRO ITENS QUE POSSAM FAZER PARTE DESSA LISTA.

O AMOR NÃO TEM PREÇO.

A AMIZADE NÃO TEM PREÇO.

UM ABRAÇO SINCERO NÃO TEM PREÇO.

OLHAR AS ESTRELAS NÃO TEM PREÇO.

RESPEITAR AS PESSOAS NÃO TEM PREÇO.

PRODUÇÃO TEXTUAL

VOCÊ VAI LER OUTRO TRECHO DE UM POEMA DO AUTOR JONAS RIBEIRO. DEPOIS VAI CRIAR UMA ESTROFE SEMELHANTE E ILUSTRAR A PÁGINA.

OS TRABALHOS DA TURMA SERÃO REUNIDOS EM UM LIVRO INTITULADO **O QUE NÃO TEM PREÇO**, QUE SERÁ DOADO À BIBLIOTECA DA ESCOLA, PARA QUE ALUNOS DE OUTRAS TURMAS POSSAM SE ENCANTAR COM OS VERSOS CRIADOS.

1 LEIA O POEMA COM OS COLEGAS E O PROFESSOR.

O QUE NÃO TEM PREÇO

[...]
UMA CAIXA DE LÁPIS DE COR TEM UM PREÇO.
FAZER UM DESENHO COLORIDO NÃO TEM PREÇO.
[...]
UMA REDE DE BALANÇO TEM UM PREÇO.
TIRAR UM COCHILINHO NA REDE NÃO TEM PREÇO.
[...]
UM PAR DE CHUTEIRAS TEM UM PREÇO.
JOGAR COM OS AMIGOS NÃO TEM PREÇO.

UMA BICICLETA TEM UM PREÇO.
PEDALAR NUM DIA ENSOLARADO NÃO TEM PREÇO.
[...]
UMA FESTA DE ANIVERSÁRIO TEM UM PREÇO.
COMEMORAR MAIS UM ANO NÃO TEM PREÇO.

JONAS RIBEIRO. **O QUE NÃO TEM PREÇO**. ILUSTRAÇÕES DE FÁBIO SGROI. BRASÍLIA, DF: MAIS ATIVOS EDUCAÇÃO FINANCEIRA, 2016. P. 5, 10, 12-13 E 15.

2 ESCREVA UMA ESTROFE PARECIDA COM AS DO POEMA DE JONAS RIBEIRO. PARA ISSO, PENSE EM ALGO QUE POSSA SER COMPRADO, MAS QUE TENHA UM VALOR AINDA MAIOR QUANDO É USADO DE FORMA INTERESSANTE.

3 FAÇA O RASCUNHO DA SUA PRODUÇÃO. LEMBRE-SE DE QUE O PRIMEIRO VERSO DEVE TERMINAR COM A EXPRESSÃO **TEM UM PREÇO**, E O SEGUNDO, COM A EXPRESSÃO **NÃO TEM PREÇO**.

4 LEIA E RELEIA PARA VERIFICAR SE O PRIMEIRO VERSO SE RELACIONA COM O SEGUNDO.
VERIFIQUE TAMBÉM SE USOU ADEQUADAMENTE AS EXPRESSÕES:

> TEM UM PREÇO   E   NÃO TEM PREÇO .

5 MOSTRE SUA ESTROFE PARA O PROFESSOR. ELE PODE DAR DICAS PARA QUE ELA FIQUE AINDA MAIS INTERESSANTE.

6 PASSE SUA PRODUÇÃO A LIMPO E ILUSTRE A PÁGINA. A ILUSTRAÇÃO DEVE SER ATRAENTE E SE RELACIONAR COM O TEXTO ESCRITO.

O PROFESSOR VAI ABRIR ESPAÇO PARA QUE SOCIALIZEM AS PRODUÇÕES.

DEPOIS, VAI ORIENTAR A MONTAGEM DO LIVRO E A ENTREGA DELE PARA A BIBLIOTECA DA ESCOLA.

HORA DE AVALIAR

✔ DAS ESTROFES APRESENTADAS PELOS COLEGAS, QUAL VOCÊ ACHOU MAIS INTERESSANTE? POR QUÊ?

✔ O QUE FOI MAIS PRAZEROSO: CRIAR OS VERSOS OU A ILUSTRAÇÃO? POR QUÊ?

✔ NA SUA OPINIÃO, O LIVRO ESTÁ ATRAENTE PARA OS LEITORES?

UNIDADE 2
EXPERIMENTAR, CONSTRUIR E BRINCAR

NESTA UNIDADE VOCÊ VAI:
- LER INSTRUÇÕES QUE ENSINAM A FAZER UM EXPERIMENTO.
- LER INSTRUÇÕES QUE ENSINAM A CONFECCIONAR UM BRINQUEDO.
- ESCREVER REGRAS DE UMA BRINCADEIRA.

1. OBSERVE A IMAGEM. VOCÊ JÁ FEZ ALGUM EXPERIMENTO CIENTÍFICO NA ESCOLA OU EM CASA? O QUE APRENDEU COM ELE?

2. GERALMENTE, EXPERIMENTOS TÊM REGRAS. O QUE VOCÊ FARIA SE QUISESSE FAZER UM EXPERIMENTO E NÃO SOUBESSE AS INSTRUÇÕES PARA REALIZÁ-LO?

3. VOCÊ JÁ LEU INSTRUÇÕES PARA CONFECCIONAR UM BRINQUEDO? QUAL?

4. TRACE O CAMINHO QUE O LÍQUIDO DO EXPERIMENTO PERCORRERÁ ATÉ O RECIPIENTE.

CAPÍTULO

1 INSTRUÇÕES PARA EXPERIMENTO

- OBSERVE AS IMAGENS A SEGUIR. NA SUA OPINIÃO, SOBRE O QUE O TEXTO VAI TRATAR?
- AS PLANTAS NECESSITAM DE ÁGUA PARA VIVER. NA SUA OPINIÃO, DEPOIS QUE A RAIZ ABSORVE A ÁGUA, COMO A ÁGUA CHEGA ATÉ AS FLORES?

LEITURA

1. LEIA AS INSTRUÇÕES E FAÇA O EXPERIMENTO A SEGUIR PARA CONFIRMAR OU NÃO SUAS HIPÓTESES.

COMO AS PLANTAS BEBEM

[...]
Você vai precisar de:
- um copo médio transparente com água;
- uma flor branca, de preferência uma gérbera ou um cravo;
- uma tesoura sem pontas;
- corante alimentar da cor que preferir.

Siga as instruções:

1 Pegue um cravo ou uma gérbera branca [...] e deixe fora da água por uma hora.

2 Ponha água num copo, adicione duas colheres de corante alimentar amarelo e misture bem.

3 Corte o caule da flor e coloque-a na água com corante.

GRAPHICS, PHOKIN/SHUTTERSTOCK.COM

IMAGENS: DOTTA2

44

4 Deixe a flor por um dia na mistura. Qual a sua cor?

5 Tire a flor do copo e observe a ponta do caule. Você consegue ver pontinhos coloridos?

Caules possuem tubos estreitos que levam a água para as pétalas. Os pontos coloridos que você consegue ver dentro do caule são estes tubinhos.

Editado por Rosie Dickins; Jane Chisholm e Kirsteen Robson. **Grandes ideias para pequenos cientistas**: 365 experiências. Ilustração de Sam Chandler e Erica Harrison. Londres: Usborne Publishing, 2015. p. 125. (Reproduced from **Grandes ideias para pequenos cientistas**: 365 experiências by permission of Usborne Publishing, 83-85 Saffron Hill, London EC1N 8RT, UK. www.usborne.com. Copyright © 2015 Usborne Publishing Ltd.)

2. RESPONDA.

A) QUEM LÊ TEXTOS QUE APRESENTAM INSTRUÇÕES?

B) QUE PARTE DO TEXTO INFORMA OS MATERIAIS NECESSÁRIOS PARA FAZER O EXPERIMENTO?

C) EM QUE PARTE SÃO APRESENTADAS AS INSTRUÇÕES PARA REALIZAR O EXPERIMENTO?

D) ANTES DE SEGUIR AS INSTRUÇÕES, É PRECISO ESTAR COM TODOS OS MATERIAIS DISPONÍVEIS? POR QUÊ?

3. RESPONDA.

- QUAL FUNÇÃO DO CAULE DAS PLANTAS PODE SER OBSERVADA APÓS A REALIZAÇÃO DO EXPERIMENTO?

4. RELEIA O TRECHO A SEGUIR.

> **Ponha** água num copo, **adicione** duas colheres de corante alimentar amarelo e **misture** bem.

- REESCREVA O TRECHO, SUBSTITUINDO AS PALAVRAS EM DESTAQUE POR OUTRAS SEM ALTERAR O SENTIDO DA INSTRUÇÃO. LEMBRE-SE DE QUE ESSAS PALAVRAS DEVEM INSTRUIR, ORIENTAR AS AÇÕES.

_____

_____

_____

5. RELEIA MAIS UM TRECHO DAS INSTRUÇÕES. DEPOIS ESCREVA **V** PARA AS AFIRMATIVAS VERDADEIRAS E **F** PARA AS FALSAS.

> Corte o caule da flor e coloque-**a** na água com corante.

O CAULE DEVE SER CORTADO PARA:

☐ ADEQUAR O TAMANHO DA PLANTA AO COPO.

☐ CERTIFICAR-SE DE QUE OS TUBOS QUE ESTÃO DENTRO DO CAULE ESTEJAM DESOBSTRUÍDOS, OU SEJA, DE QUE HAJA FACILIDADE PARA O LÍQUIDO PENETRAR NO CAULE.

☐ O LÍQUIDO DEMORAR A CHEGAR ÀS PÉTALAS.

- ESCREVA A QUE SE REFERE A PALAVRA EM DESTAQUE NA INSTRUÇÃO.

_____

6. AS FLORES AO LADO FORAM MERGULHADAS EM UMA SOLUÇÃO COM CORANTE COLORIDO. PINTE DE ACORDO COM O QUE VOCÊ APRENDEU NO EXPERIMENTO.

EXPRESSÃO ORAL

VOCÊ E OS COLEGAS FIZERAM O EXPERIMENTO DA FLOR COM CORANTE PARA OBSERVAR COMO A ÁGUA ABSORVIDA SE DESLOCA POR TODA A FLOR.

AGORA, VÃO RELATAR PARA OUTRA TURMA O EXPERIMENTO QUE FIZERAM E O QUE APRENDERAM COM ELE.

1 COMENTE COM OS COLEGAS:
- A SEQUÊNCIA DE PASSOS DO EXPERIMENTO;
- O QUE VOCÊ OBSERVOU DEPOIS DE UM DIA EM QUE A FLOR ESTAVA NA SOLUÇÃO COLORIDA;
- O QUE FOI POSSÍVEL NOTAR OBSERVANDO A PONTA DO CAULE QUE ESTAVA MERGULHADA NA SOLUÇÃO;
- O QUE O EXPERIMENTO PROVOU.

2 O PROFESSOR VAI ANOTAR AS DESCOBERTAS DA TURMA NA LOUSA.

3 A TURMA SERÁ ORGANIZADA EM GRUPOS. CADA GRUPO FICARÁ ENCARREGADO DE CONTAR UMA ETAPA DO EXPERIMENTO.

DICA TODA A APRESENTAÇÃO DEVERÁ DURAR NO MÁXIMO 20 MINUTOS.

4 COM A ORIENTAÇÃO DO PROFESSOR, REGISTRE A PARTE QUE VOCÊ DEVERÁ RELATAR AOS COLEGAS DA OUTRA TURMA. ESSA ANOTAÇÃO SERÁ ÚTIL PARA VOCÊ SE LEMBRAR DO QUE FICOU RESPONSÁVEL POR RELATAR.

5 COM OS COLEGAS, ENSAIE A APRESENTAÇÃO. FIQUE ATENTO AO SEU MOMENTO DE FALAR E OUÇA COM ATENÇÃO OS RELATOS DOS COLEGAS.

6 DURANTE OS ENSAIOS, NÃO DEIXEM DE RELATAR:
- OS MATERIAIS UTILIZADOS;
- AS INSTRUÇÕES DO EXPERIMENTO;
- O QUE VOCÊS OBSERVARAM DE MAIS INTERESSANTE;
- O QUE APRENDERAM REALIZANDO O EXPERIMENTO.

DICA USEM PALAVRAS E EXPRESSÕES COMO: **PRIMEIRO, DEPOIS, LOGO EM SEGUIDA, NO DIA SEGUINTE,** PARA MARCAR A SEQUÊNCIA TEMPORAL DOS ACONTECIMENTOS.

7 DURANTE O RELATO, VOCÊS DEVEM FICAR ATENTOS:
- AO TOM DE VOZ, DE FORMA QUE TODOS POSSAM OUVIR;
- AO RITMO DA FALA, PARA QUE A PLATEIA CONSIGA COMPREENDER O PASSO A PASSO DO EXPERIMENTO;
- À POSTURA CORPORAL, DE FORMA A PASSAR SEGURANÇA DE QUE AS INFORMAÇÕES SÃO VERDADEIRAS;
- AOS GESTOS QUE COMBINEM COM O QUE ESTÁ SENDO DITO E MOSTRADO.

8 COM OS COLEGAS, DECIDA QUEM FICARÁ ENCARREGADO DE, EM NOME DA TURMA, PEDIR LICENÇA PARA COMPARTILHAR O EXPERIMENTO REALIZADO E CUMPRIMENTAR O PROFESSOR E A TURMA VISITADA.

9 A TURMA DEVERÁ LEVAR OS MATERIAIS NECESSÁRIOS PARA O EXPERIMENTO E UMA OU MAIS FLORES JÁ COLORIDAS.

10 AO FINAL DE TODOS OS RELATOS, UM COLEGA DEVERÁ AGRADECER A ATENÇÃO DOS OUVINTES E INFORMAR QUE DEIXARÁ O EXPERIMENTO NA SALA PARA QUE OS COLEGAS POSSAM COMPROVAR TUDO O QUE A SUA TURMA RELATOU.

NOSSA LÍNGUA

1. LEIA.

TEXTO **A**

SUCOS*

ACEROLA..................R$ 3,00
CAJÁ.........................R$ 3,50
LARANJA...................R$ 2,50
LIMÃO.......................R$ 2,50
MAÇÃ........................R$ 3,00
MORANGO.................R$ 3,50
UVA..........................R$ 3,50

*Todos os sucos de polpa.

TEXTO **B**

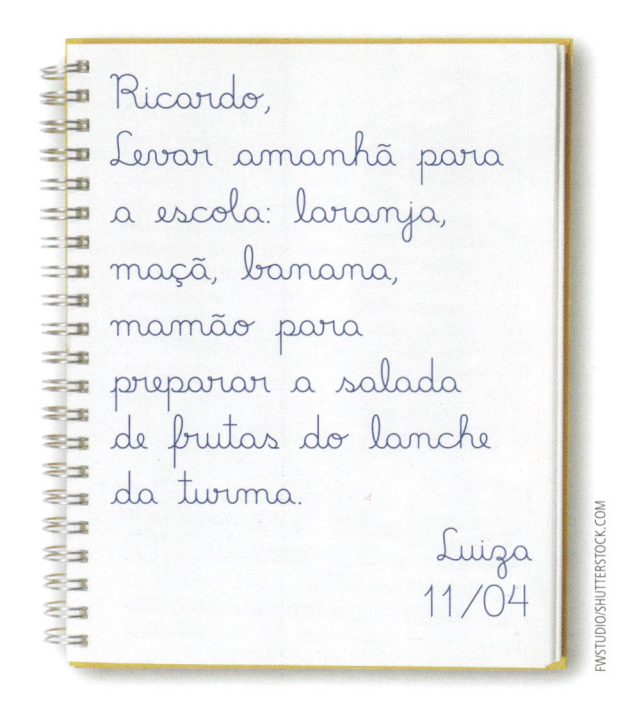

Ricardo,
Levar amanhã para a escola: laranja, maçã, banana, mamão para preparar a salada de frutas do lanche da turma.

Luiza
11/04

A) ONDE ESSES TEXTOS PODEM SER ENCONTRADOS?

B) QUANDO SERÁ FEITA A SALADA DE FRUTAS?

C) QUE TIPO DE LETRA FOI USADA NO TEXTO **A**?

D) QUANDO ESCREVEMOS À MÃO, GERALMENTE USAMOS **LETRA CURSIVA**. EM QUE SITUAÇÕES É COMUM O USO DA LETRA CURSIVA?

2. SUBLINHE AS PALAVRAS QUE APARECEM EM AMBOS OS TEXTOS.

• COPIE, EM LETRA CURSIVA, O NOME DE DUAS FRUTAS QUE NÃO APARECEM NO BILHETE.

3. Recite e copie o alfabeto maiúsculo e minúsculo.

Aa   Bb   Cc   Dd

Ee   Ff   Gg   Hh

Ii   Jj   Kk   Ll

Mm   Nn   Oo   Pp

Qq   Rr   Ss   Tt

U u   V v   W w

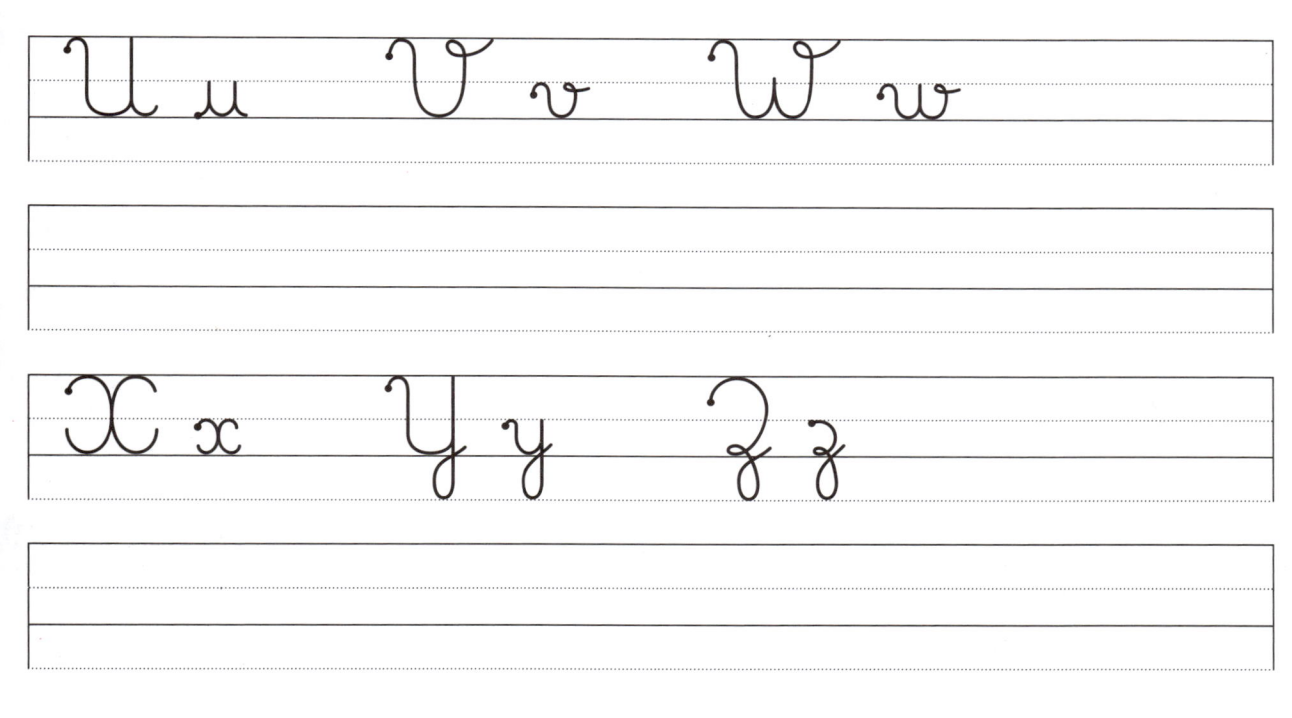

X x   Y y   Z z

4. Observe a palavra **lagartixa** escrita com diferentes tipos de letras de imprensa.

lagartixa   LAGARTIXA   lagartixa   Lagartixa

Veja que há espaços entre as letras, elas não são ligadas entre si.

- Na escrita de palavras em letra cursiva, uma letra se liga à outra. Copie a palavra a seguir.

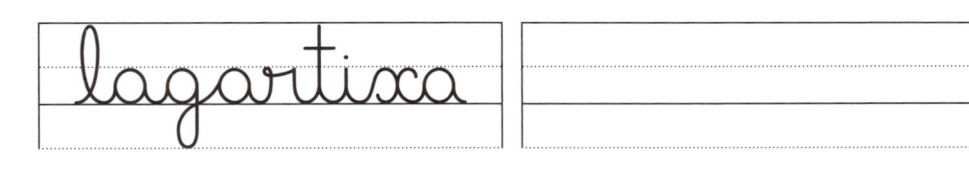

lagartixa

5. Copie os nomes dos animais abaixo. Marque os que você já viu na sua casa.

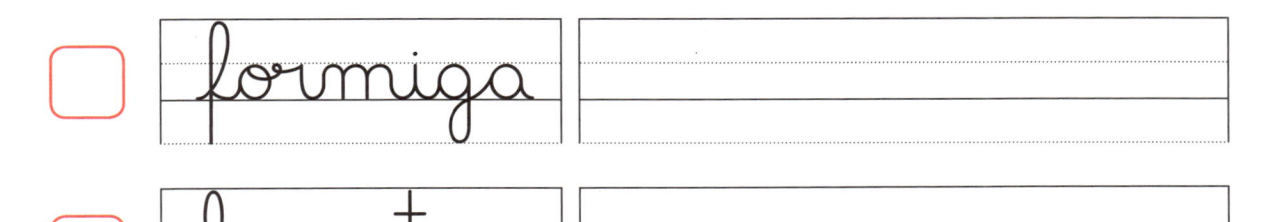

formiga

barata

6. Leia o poema. Depois, copie em letra cursiva.

Formigas vão e vêm
E param um pouquinho
Pra conversar
Com as que encontram no caminho.
[...]

Ronaldo Simões Coelho. **Bichos**.
Belo Horizonte: Aletria, 2009. Não paginado.

_____
_____
_____
_____

Na sua opinião, as formigas conversam como os seres humanos? Justifique.

7. Separe as palavras com barras / . Depois copie a frase dando espaço entre as palavras.

Asformigasandamemfila.

_____
_____

DE CARONA COM O TEXTO

1. No bilhete de Renata, ela disse que estava triste, pois emprestou o jogo **Laboratório de experiências** para uma colega da turma e ele foi devolvido com defeito.

- Responda.

    a) Isso já aconteceu com você?

    b) Na sua opinião, é importante combinar regras para o bom convívio na escola? Por quê?

2. Em sua opinião, na sala de aula, todos podem fazer o que quiserem, na hora que quiserem? Será que se muitos alunos pedissem para ir ao banheiro ao mesmo tempo e brincassem ou conversassem durante a aula seria possível ouvir e compreender as explicações do professor?

- Comente com os colegas o que você acha que é adequado e o que não é adequado de fazer em sala de aula, justificando.

3. O professor vai distribuir uma ficha com uma palavra para cada dupla.

Combinem uma regra para a boa convivência na escola, usando essa palavra. As duplas serão convidadas a mostrar a ficha e contar a regra para a turma.

PERGUNTE QUANDO NÃO ENTENDER UMA EXPLICAÇÃO.

PERGUNTE

DICA O objetivo das regras será instruir quem as lê a fazer algo.

4. As regras a seguir foram feitas por crianças que desenvolveram uma atividade semelhante. Observe.

- Agora você e os colegas vão escrever a regra e fazer um desenho correspondente a ela. O professor vai expor as regras no mural da classe.

DICA Durante o ano, sempre que for necessário, discuta com os colegas para saber se o que foi combinado está sendo cumprido.

ESPAÇO LITERÁRIO

1. Você e seus colegas fizeram combinados para uma boa convivência na escola.

   • Responda.

   a) Durante o ano, você fará várias atividades em grupo. O que você considera importante para o sucesso dessas atividades?

   b) Na sua opinião, em atividades em grupo, é adequado que só alguns trabalhem enquanto outros não fazem nada? Por quê?

2. O professor vai ler o conto **A galinha ruiva**. Ouça com atenção, depois comente o que achou da atitude da galinha e dos outros animais, justificando.

3. Marque as alternativas corretas.

   a) A principal característica dos amigos da galinha é serem:

   ☐ egoístas.   ☐ alegres.   ☐ preguiçosos.

   b) O sentimento que fica evidente nessa história é o de:

   ☐ solidariedade.   ☐ individualismo.   ☐ honestidade.

4. Discuta com os colegas: a galinha ruiva agiu corretamente ao não repartir o bolo? Por quê?

JÁ SEI LER!

1. Leia e responda.

Existem parlendas para muitos tipos de brincadeira: escolher, recitar números, rimar e até enrolar a língua. Você conhece alguma parlenda para aprender números?

- Leia a parlenda silenciosamente. Depois leia com os colegas e o professor.

Lá no chão tinha um chiclete
Nove, oito, sete...
Lá no chão tinha um chiclete.
Seis, cinco, quatro...
Que grudou no meu sapato.
Três, dois, um...
E não sai de jeito algum!

Rosane Pamplona. **Conte aqui que eu canto lá**. São Paulo: Melhoramentos, 2013. p. 18.

2. Responda.

a) Na sua opinião, por que esse tipo de parlenda ajuda na aprendizagem de números?

b) Nessa parlenda, os números aparecem em ordem crescente, do menor para o maior, ou decrescente, do maior para o menor?

c) O que deu sonoridade à parlenda?

3. Escreva o nome da figura. Uma letra em cada ☐.

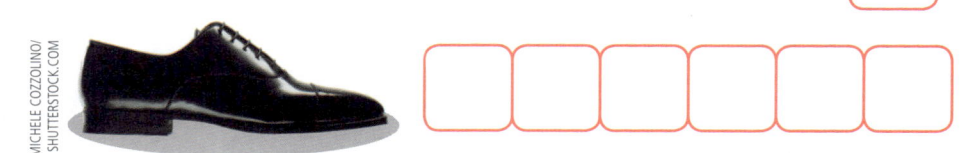

• Escreva duas palavras que rimam com o nome da figura.

_____   _____

4. O professor vai ensinar outra parlenda recitada para aprender números.

• Ouça com atenção e numere as estrofes da parlenda na sequência correta. Depois, recite com os colegas.

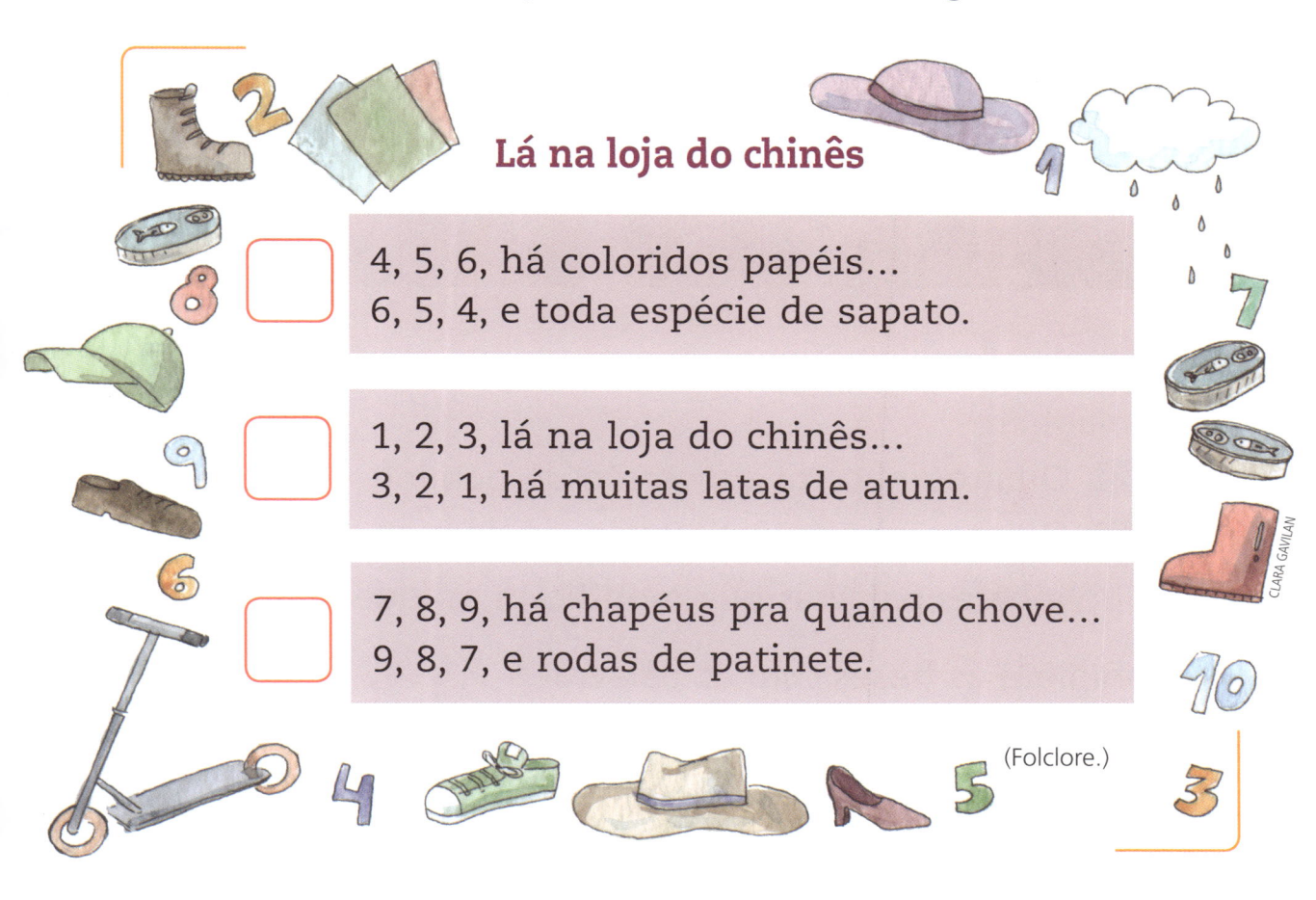

Lá na loja do chinês

☐ 4, 5, 6, há coloridos papéis...
6, 5, 4, e toda espécie de sapato.

☐ 1, 2, 3, lá na loja do chinês...
3, 2, 1, há muitas latas de atum.

☐ 7, 8, 9, há chapéus pra quando chove...
9, 8, 7, e rodas de patinete.

(Folclore.)

5. Escreva os nomes das figuras. Se precisar, consulte a parlenda.

_____   _____

_____

COM QUE LETRA?

▼ PALAVRAS COM **P** OU **B**

1. Domingo é dia de muita brincadeira e diversão! Observe as fotos.

- Pinte os ☐ indicando a legenda que combina com cada imagem.

　▬ O barquinho foi a diversão de domingo.
　▬ O parquinho foi a diversão de domingo.

- Sublinhe as palavras que modificam as legendas.

2. Complete as frases com as palavras.

a) | pingo – bingo |

- Brinquei de _____ com meus irmãos.
- Hoje não caiu um _____ d'água.

b) | par – bar |

- Bia vai ser _____ do Pedro na quadrilha.
- Aquele _____ vende pastel e caldo de cana.

3. Observe as imagens e procure no diagrama os nomes das figuras. Depois, escreva-os abaixo das imagens.

W	O	A	B	O	P	B	O	T	A	I	B	Á	G	Y
Ê	C	A	P	A	M	G	N	A	P	I	T	O	M	P
P	H	B	Â	P	O	J	C	É	K	L	P	Y	W	I
Z	B	O	C	A	B	P	Z	Õ	R	I	G	O	E	A
G	H	Q	K	F	G	I	D	Y	P	R	O	S	J	Z
X	Z	R	T	Á	O	S	E	Y	K	C	O	P	O	Y
R	T	Y	H	O	W	O	C	B	O	T	Ã	O	W	Q
A	U	B	A	L	E	I	A	É	F	P	Y	Ã	B	E
Ó	B	V	E	T	A	P	E	T	E	V	R	C	D	A

CAPÍTULO

2 INSTRUÇÕES PARA CONSTRUIR

- Você já construiu algum objeto seguindo instruções? Qual?
- Na sua opinião, o que as instruções a seguir ensinam a fazer? O que o levou a essa conclusão?

LEITURA

1. Leia as instruções e aprenda a fazer um **passa-bolinha**. Depois, com os colegas, confeccione o brinquedo.

Passa-bolinha

Materiais

- 2 garrafas PET de 2 litros
- 10 bolinhas de gude
- 1 fita adesiva transparente larga
- 2 fitas adesivas coloridas
- 1 tesoura sem ponta

Modo de fazer o brinquedo

1 Peça a um adulto que corte as duas garrafas PET ao meio.

2 Separe uma parte de cima e duas partes de baixo das garrafas PET.

3 Encaixe a parte de cima, com o bico voltado para baixo, em uma parte de baixo da garrafa. Fixe as duas partes com a fita adesiva transparente.

4 Coloque as bolinhas de gude.

5 Encaixe a outra parte de baixo, fechando o brinquedo, e fixe-o com a fita adesiva transparente.

6 Faça a decoração do brinquedo com as fitas adesivas coloridas.

Como brincar

Para jogar, dê um impulso no brinquedo para encaixar o maior número de bolinhas de gude dentro da garrafa que está na parte interna.

Texto elaborado com base em: <http://saletelemeantunes.blogspot.com.br/search?q=passa+bolinha>. Acesso em: 23 jun. 2017.

#FICA A DICA

Aprenda a construir o brinquedo passa-bolinha.

Disponível em: <http://ftd.li/meo7h8>. Acesso em: 23 jun. 2017.

Assista ao vídeo que mostra o passo a passo para a confecção do brinquedo **passa-bolinha**. Ele poderá ajudar na hora de você fazer o seu brinquedo.

2. Responda.

a) Onde textos com instruções são geralmente publicados? Participe da discussão.

b) Que materiais são necessários para fazer o **passa-bolinha**?

c) Caso falte um dos materiais listados, qual deles não impede a construção do brinquedo?

3. Responda.

a) As instruções do **passa-bolinha** se destinam a uma criança ou a um adulto?

_____

_____

_____

b) Sublinhe nas instruções a parte que levou você a essa conclusão.

4. Releia uma das instruções.

> Encaixe a outra parte de baixo, fechando o brinquedo, e fixe-**o** com a fita adesiva transparente.

- A que se refere a palavra destacada?

_____

5. Marque a alternativa adequada.

Nesse brinquedo, a função da fita adesiva transparente é:

☐ enfeitar o brinquedo.

☐ fixar as partes do brinquedo.

☐ separar as duas partes da garrafa.

MAIS SOBRE... TEXTO INSTRUCIONAL

1. Marque a alternativa adequada.

   a) Os textos **Como as plantas bebem** e **Passa-bolinha** têm a função de:

   ☐ contar uma história.

   ☐ ensinar, orientar, instruir a fazer algo.

   ☐ convidar alguém para fazer algo.

   b) Nesses textos, a função dos números é indicar:

   ☐ a ordem em que as ações devem ser executadas.

   ☐ a quantidade de materiais a serem usados.

   c) Alguém que esteja interessado em ler instruções para realizar um experimento ou fazer um brinquedo deve:

   ☐ ler o texto apenas uma vez.

   ☐ ler o texto, primeiro na íntegra, depois relê-lo para seguir as instruções.

2. Responda.

   a) Em textos instrucionais, qual é a função das imagens?

   b) Sem as imagens, é possível fazer o **passa-bolinha**? Justifique.

3. Releia parte de algumas instruções.

   > **Encaixe** a parte de cima, com o bico voltado para baixo [...].
   > [...] **Fixe** as duas partes com a fita adesiva transparente.

   - O que você acha que essas palavras destacadas indicam a quem está tentando fazer o **passa-bolinha**?

   _____

   _____

SÓ PARA LEMBRAR

1. As parlendas podem ser cantadas durante uma brincadeira ou antes dela, para escolher quem vai começar brincando. Leia.

Uni, duni, tê,
Salamê, minguê.
Um sorvete colorê,
O escolhido foi você!

(Folclore.)

2. Ao recitar essa parlenda no momento em que se escolhe um colega para iniciar a brincadeira, é preciso pronunciar cada pedaço das palavras pausadamente, apontando para cada um dos participantes. Continue reescrevendo a parlenda, usando uma barrinha / para indicar como será a recitação.

U / ni, du / ni, / tê,
Sa / la / mê /, min / guê.

_____

_____

> As palavras podem ser divididas em pedaços menores, pronunciados de uma só vez. Esses pedaços menores são chamados de **sílabas**.

• Responda.

a) Quantas sílabas tem a palavra **foi**?

b) O que acontece quando se diz essa palavra?

3. Recite com os colegas outra parlenda de escolha. Em seguida, escreva nos quadrinhos o número de sílabas de cada palavra.

Um, dois, três,
□ □ □

você é meu freguês,
□ □ □ □

se não escolher logo,
□ □ □ □

vai perder a vez.
□ □ □ □

(Folclore.)

4. Escreva os nomes dos brinquedos, uma sílaba em cada quadrinho. Depois, registre nos quadrinhos menores o número de letras de cada sílaba.

avião   patins   bambolê

5. Escreva **V** para verdadeiro e **F** para falso.

□ Existe sílaba formada por apenas uma letra.

□ O número de letras em uma sílaba é sempre o mesmo.

□ Não existe sílaba sem vogal.

COM QUE LETRA?

▼ PALAVRAS COM T OU D

1. Leia o convite para um dia de diversão.

FAZENDINHA DO TADEU

Venha se divertir no meu aniversário.
Vai ter muitas brincadeiras e bichos:
bode, pato, vaca, galinha e cavalo.
A gente vai nadar no rio e passear de bote.
Conto com a sua presença!

Dia: 21 de maio.
Endereço: Chácara das Paineiras, número 85.
Horário: a partir das 10 horas.

a) Do que trata o convite?

b) A festa tem hora certa para começar e para terminar? Por quê?

2. Pinte de cor clarinha as letras que fazem com que as palavras indiquem coisas diferentes.

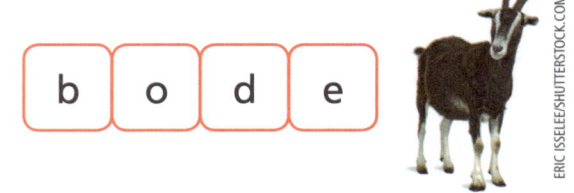

b o d e

O _____ da fazenda sempre escapa do cercado.

b o t e

Coloque o colete salva-vidas antes de entrar no _____!

66

3. Leia as palavras, elimine uma sílaba e escreva o nome das figuras.

sapato ➡ _____

tatuí ➡ _____

mulata ➡ _____

4. Escolha uma das palavras para completar cada frase.

a) | quatro | quadro |

• Meu primo tem só _____ anos.

b) | tia | dia |

• O _____ amanheceu nublado.

c) | pote | pode |

• Tatiana guardou os biscoitos no _____.

d) | corta | corda |

• Brincar de _____ é tão divertido!

e) | Quando | Quanto |

• _____ será a festa do seu aniversário?

f) | modo | moto |

• Coloque o capacete para andar de _____!

PRODUÇÃO TEXTUAL

Agora que a turma já construiu o **passa-bolinha** e brincou com ele, que tal ensinar os colegas a fazer esse brinquedo?

Vocês vão escrever as instruções de como fazer o **passa-bolinha** e entregá-las junto com um bilhete, que contará sobre o brinquedo que fizeram, os materiais que usaram para confeccionar e o modo de brincar.

DICA O bilhete será criado coletivamente e registrado na lousa pelo professor.

1 Ao produzir o bilhete, é preciso registrar:
- uma saudação a quem ele se destina;
- o nome do brinquedo;
- o objetivo da brincadeira;
- os materiais necessários para a confecção do **passa-bolinha**;
- uma despedida e o nome de quem o enviou.

2 O bilhete a seguir foi produzido por uma turma que realizou uma atividade semelhante. Ele pode dar pistas para a produção de vocês.

Olá, colega!

Minha turma fez um bilboquê para brincar na hora do recreio. É divertido tentar acertar a bolinha dentro do funil que é ligado à bola por uma corda.

Se você também quiser fazer esse brinquedo, vai precisar dos seguintes materiais:
- uma garrafa PET com tampa;
- fita-crepe;
- fitas adesivas coloridas;
- folhas de revista;
- barbante.

As instruções para criar o bilboquê estão junto com este bilhete. Siga os passos e divirta-se também!

Um abraço,

Thaís

3 Leia várias vezes o bilhete que produziram para verificar se ele está claro e se não falta nenhuma informação. Só então copie o bilhete na página 273, assine e destaque.

4 A folha com as instruções para construir o brinquedo está na página 275. Destaque-a no lugar indicado.

5 O próximo passo será completar as instruções, registrando as etapas que faltam.

DICA Se necessário, volte às páginas 60 e 61 para reler as instruções de como montar o brinquedo. Mas, atenção, na hora de escrever, não vale copiar!

6 Leia silenciosamente as instruções que já estão prontas e comente com os colegas os passos que faltam para que a outra turma consiga fazer o brinquedo.

7 Em um rascunho, escreva todos os passos para a construção do brinquedo.

8 Leia a sua produção para verificar se as instruções estão claras, de forma que o colega que as receber tenha facilidade em construir o brinquedo.

9 Releia a sua produção, agora para verificar se:
- usou palavras que orientam, como **fixe**, **coloque**, **encaixe**;
- empregou letra inicial maiúscula no começo das frases;
- usou ponto final nas frases;
- deu espaço entre as palavras.

10 Com letra legível, passe o texto a limpo na folha destacada da página 275.

HORA DE AVALIAR

✔ Você participou com sugestões na criação do bilhete?

✔ Na sua opinião, a turma que recebeu as produções vai se interessar em fazer o brinquedo? Por quê?

VIVA A DIVERSIDADE!

▼ CRIANÇA BRINCA!

Brinquedos e brincadeiras fazem parte da infância. Nas comunidades ribeirinhas (que vivem próximo às margens de um rio), as crianças usam a criatividade para construir muitos brinquedos e brincadeiras: bonecas, carrinhos, barcos, rodas de aro, bichos, entre outros.

Observe as fotos em que crianças ribeirinhas se divertem.

Grupo de crianças brinca de bater figurinhas. Manaus, Amazonas, 2015.

Crianças brincando em comunidade ribeirinha às margens do Rio Negro. Barcelos, Amazonas, 2016.

1 Responda.

a) Pelas imagens, você acha que essas crianças costumam brincar em casa ou ao ar livre?

b) E você? Onde costuma brincar?

c) Na sua opinião, o que é melhor: comprar um brinquedo pronto ou construir um? Por quê?

2 As imagens desta seção foram feitas com a técnica de **foto-ilustração**, em que os desenhos infantis se misturam às fotografias, criando um cenário único.

- Que tal você e seus colegas trazerem fotos, em que estejam brincando, para criarem uma foto-ilustração com desenhos feitos por vocês? Criem legendas para as imagens.

Os trabalhos serão expostos, fora da sala de aula, em um mural intitulado CRIANÇA BRINCA! Assim, alunos de outras turmas, familiares e visitantes poderão conhecer algumas das brincadeiras preferidas da turma.

3 Combine um dia para ir com os colegas à sala de informática e pesquisar instruções para construir brinquedos com materiais reciclados.

UNIDADE 3

UMA MENSAGEM PARA VOCÊ!

1. Como as pessoas podem se comunicar com parentes ou amigos que moram em outras cidades ou outros países?

2. Você ou alguém da sua família costuma escrever ou receber cartas? Quando isso acontece?

3. Agora, destaque as figuras da página 277 e cole-as nas cenas correspondentes.

COLE AQUI

NESTA UNIDADE VOCÊ VAI:

- Ler algumas cartas pessoais.
- Aprender como as cartas são organizadas e qual é sua finalidade.
- Escrever um *e-mail* com os colegas.

COLE AQUI

COLE AQUI

COLE AQUI

CAPÍTULO

1 O CARTEIRO CHEGOU!

- Você sabe como as cartas chegam até as pessoas?
- O que é preciso fazer para enviar uma carta?
- Além de escrever uma carta, como as pessoas podem se comunicar por escrito com pessoas que estão longe?
- Se você fosse escrever uma carta para algum escritor de quem já leu algum livro, o que você escreveria?

LEITURA

1. Leia a carta que alunos de uma escola escreveram para a escritora Sávia Dumont.

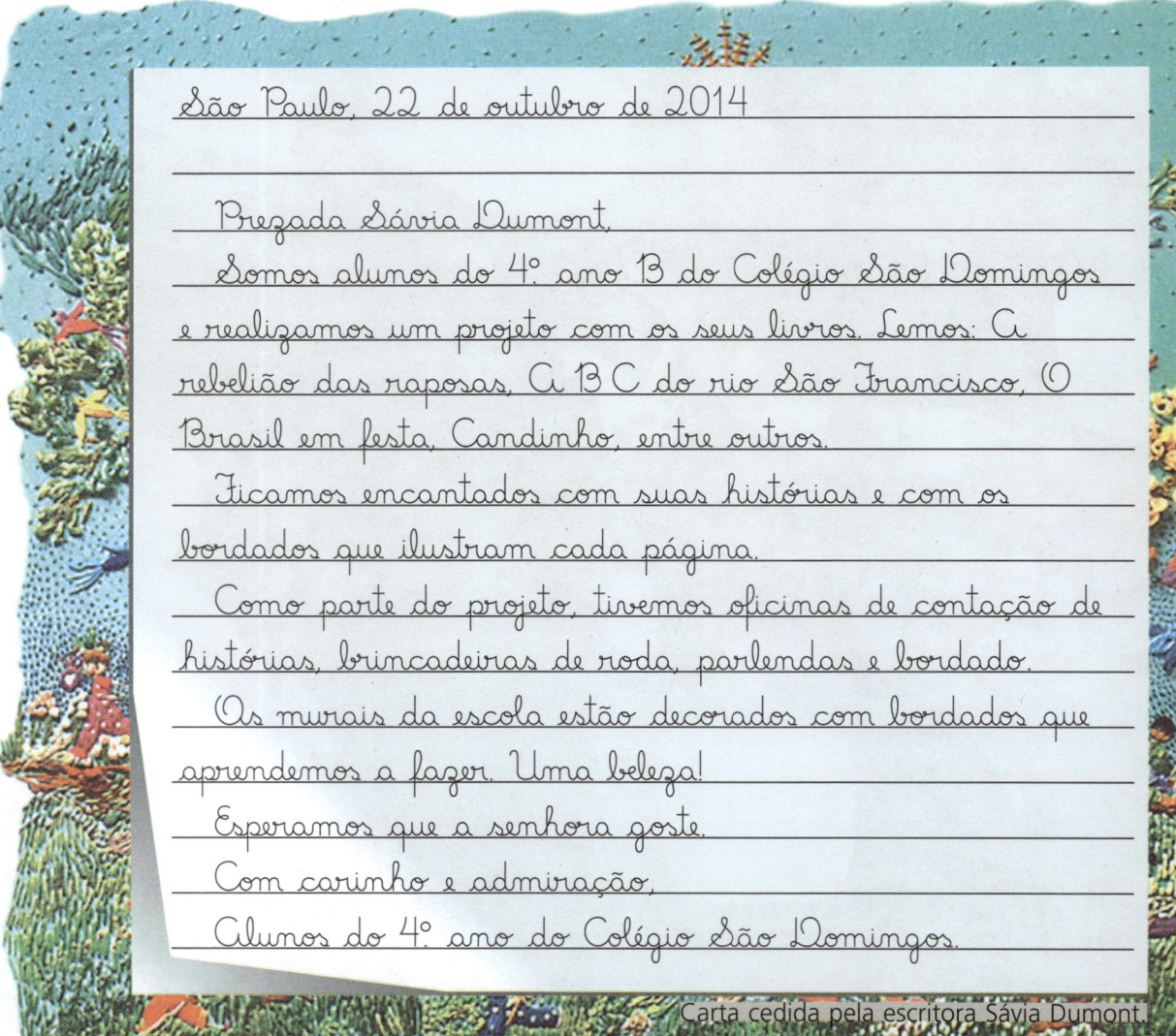

São Paulo, 22 de outubro de 2014

Prezada Sávia Dumont,

Somos alunos do 4º ano B do Colégio São Domingos e realizamos um projeto com os seus livros. Lemos: A rebelião das raposas, A B C do rio São Francisco, O Brasil em festa, Candinho, entre outros.

Ficamos encantados com suas histórias e com os bordados que ilustram cada página.

Como parte do projeto, tivemos oficinas de contação de histórias, brincadeiras de roda, parlendas e bordado.

Os murais da escola estão decorados com bordados que aprendemos a fazer. Uma beleza!

Esperamos que a senhora goste.

Com carinho e admiração,

Alunos do 4º ano do Colégio São Domingos.

Carta cedida pela escritora Sávia Dumont.

2. Responda.

a) Para você, o que leva uma pessoa a escrever uma carta para outra pessoa?

b) Quem envia a carta é chamado **remetente**. Quem são os remetentes dessa carta?

c) A pessoa a quem enviamos a carta é chamada **destinatário**. Quem é o destinatário dessa carta?

3. Quando escrevemos uma carta, temos uma determinada intenção. Qual foi a intenção dos alunos ao escrever essa carta? Marque.

☐ Contar sobre a rotina do projeto realizado por eles na escola.

☐ Mostrar admiração pelas obras da autora e contar sobre o projeto realizado.

4. Leia a saudação usada pelos alunos na carta.

Prezada Sávia Dumont,

Brincadeira no Cerrado, bordado de Sávia Dumont.

- Marque as alternativas adequadas.

a) Se você estivesse escrevendo uma carta para um grande amigo ou amiga, usaria essa saudação?

☐ Sim, é sempre bom mostrar respeito.

☐ Não, pois não seria adequado o uso dessa saudação, já que a carta seria dirigida a uma pessoa com quem se tem intimidade.

b) Que outras saudações você poderia usar?

☐ Querido(a) amigo(a),   ☐ Prezado(a) amigo(a),

☐ Olá!   ☐ Oi, amigo(a),

MAIS SOBRE... CARTA PESSOAL

1. Releia o trecho final da carta.

> Esperamos que a **senhora** goste.

- Por que você acha que os alunos escolheram essa forma de tratamento ao se referir à autora?

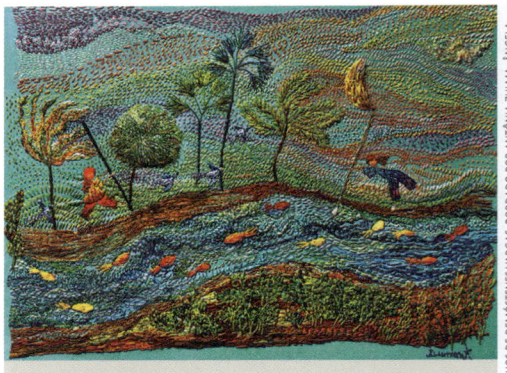

Brincando com as águas, bordado de Sávia Dumont.

_____

_____

2. A carta contém uma despedida. Sublinhe.

3. Marque a alternativa adequada.
A carta escrita pelos alunos do Colégio São Domingos é uma carta:

☐ que um leitor envia para um jornal ou revista.

☐ que uma pessoa envia para uma empresa.

☐ que uma pessoa envia para outra pessoa.

- Responda.
De que forma podemos classificar esse tipo de carta: carta pessoal, comercial ou profissional?

_____

4. Marque a alternativa adequada.
Costumamos escrever uma carta pessoal quando queremos:

☐ comunicar um assunto a familiares ou amigos que estão longe de nós.

☐ ensinar alguém a fazer algo.

☐ listar itens de que precisamos.

5. A carta indica a data e o local onde foi escrita. Qual é a importância dessas informações?

_____

_____

_____

DICA O mais comum é a data e o local aparecerem no início da carta, mas essas informações também podem aparecer no final.

6. Escreva **V** para as afirmativas verdadeiras e **F** para as falsas. Em relação ao registro usado nas cartas, é possível afirmar que:

☐ sempre devemos usar o registro formal.

☐ sempre devemos usar o registro informal.

☐ é possível usar o registro formal ou o informal, pois o tipo de registro vai depender do grau de intimidade entre o remetente e o destinatário.

Você e os colegas empregam o **registro informal**, pois o usam no dia a dia com amigos e familiares e em situações descontraídas de comunicação, sejam elas orais ou escritas.

Na escola, além de usarem o **registro informal**, vivenciarão situações de uso do **registro formal**, utilizado em grande parte dos livros, jornais, revistas e seminários, por exemplo. Isso é importante para que possam ampliar suas formas de se comunicar oralmente ou por escrito e para que compreendam um número cada vez maior de textos.

DICA Escolher usar o registro formal ou o informal é adequar a fala ou a escrita à situação comunicativa, ou seja, às pessoas com quem você se comunica e ao local onde você está.

CLARA GAVILAN

DE CARONA COM O TEXTO

1. Pesquise com familiares e traga para a sala de aula, na data combinada com o professor, o seu endereço completo, incluindo o CEP.

DICA O **Código de Endereçamento Postal – CEP –** é um número que ajuda o correio a separar as correspondências e encaminhá-las com mais rapidez aos destinatários.

2. Imagine que você escreveu uma carta para um colega da turma e vai enviá-la pelo correio. Preencha a frente e o verso do envelope a seguir com as seguintes informações:

Frente: nome e endereço completos e CEP do **destinatário**, ou seja, seu colega.

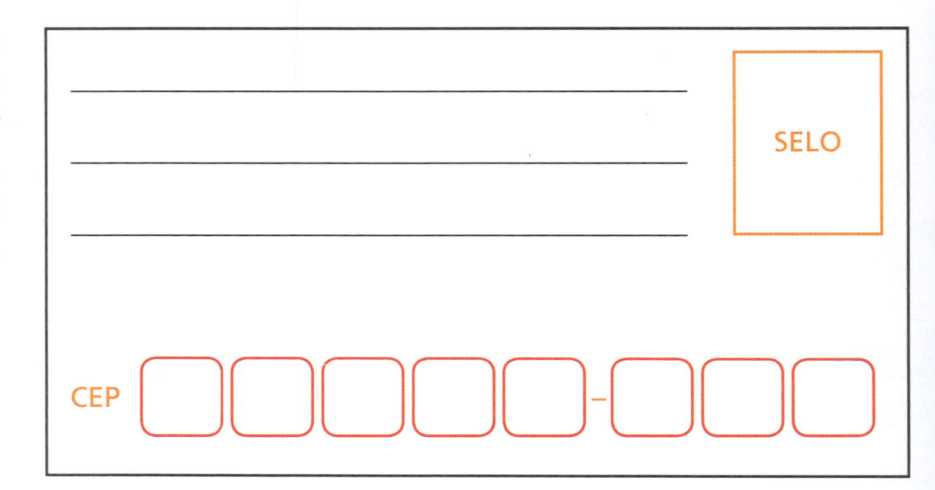

SELO

CEP ☐☐☐☐☐-☐☐☐

Verso: nome e endereço completos e CEP do **remetente**, ou seja, você.

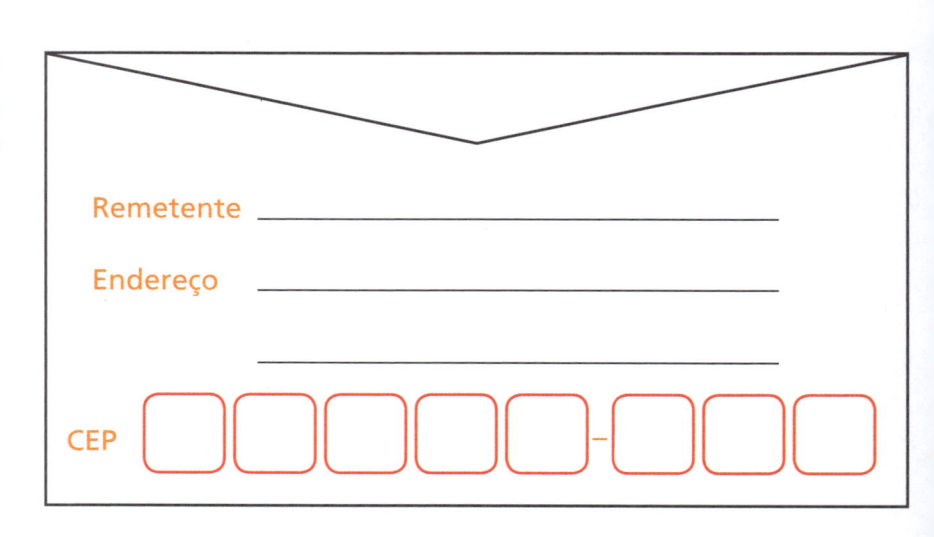

Remetente _____

Endereço _____

_____

CEP ☐☐☐☐☐-☐☐☐

- Explique por que é importante que essas informações estejam completas.

NOSSA LÍNGUA

1. Leia as falas a seguir.

> MENINOS TAMBÉM PODEM FAZER BORDADO?

> CLARO!

• Você concorda com o menino? Por quê?

2. Responda.

Quantas palavras tem a fala:

a) da menina? _____. **b)** do menino? _____.

• Agora, leia estes dois conjuntos de palavras.

| A | COISAS. PODEM DAS MESMAS GOSTAR MENINOS E MENINAS |

| B | MENINOS E MENINAS PODEM GOSTAR DAS MESMAS COISAS. |

3. Responda.

a) Nos dois conjuntos, há a mesma quantidade de palavras?

b) Marque a alternativa correta.

No conjunto **A**, as palavras aparecem de modo organizado?

☐ Sim.   ☐ Não.

• É possível compreender o que está escrito? Por quê?

> Uma palavra em um contexto ou um conjunto organizado de palavras com sentido completo formam uma **frase**.

79

4. Leia a piada. Depois, responda.

> Joãozinho se vira para um amigo na sala de aula e diz:
> — Quer apostar um real como eu consigo fazer você dizer "branco"?
> — Duvido. Está apostado.
> Aí Joãozinho pergunta:
> — De que cor é o céu?
> — Azul.
> — E de que cor é o asfalto?
> — Preto.
> — Pronto, ganhei.
> — Mas a aposta era pra você me fazer dizer "branco".
> — Viu só? Consegui.
>
> Paulo Tadeu. **Rá, ré, ri, ró, ria**: novas piadas para crianças. São Paulo: Matrix, 2009. p. 42.

- Qual parte é responsável por dar humor à piada: início, meio ou final? Por quê?

5. Escreva o número de frases da piada que você leu.

_____

a) Marque a alternativa adequada.

- Após ler essa piada, é possível afirmar que uma frase:

    ☐ pode ser formada por uma só palavra.

    ☐ deve ter sempre mais de uma palavra.

b) Sublinhe na piada as frases formadas por uma só palavra.

6. Circule na piada os sinais de pontuação que aparecem no final de cada frase.

- As frases sempre terminam com algum sinal de pontuação? Marque.

    ☐ Sim.   ☐ Não.

COM QUE LETRA?

▼ **PALAVRAS COM C OU G**

1. No anúncio abaixo, foi retirada, de propósito, uma palavra da lista. Circule-a abaixo.

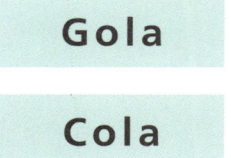

Gola

Cola

2. Leia as duplas de palavras e circule as letras que transformam uma palavra em outra. Depois complete as frases.

a) vaca   vaga

- A loja oferece _____ para balconista.
- A _____ pasta o dia todo.

b) calo   galo

- Gabriela fez um _____ no pé.
- O _____ canta bem cedinho.

c) manca   manga

- O gatinho pisou em um espinho, por isso ele _____.
- A _____ é deliciosa e também ótima para a saúde.

3. Leia as palavras a seguir, observando as sílabas em destaque.

cadeado   **co**elho   **cu**íca

galinha   **fi**go   **agu**lha

- Complete as palavras com uma dessas sílabas. Depois copie as palavras.

maca   eca   fi   ra

leiro   belo   vião

4. Separe as palavras com uma barrinha, descubra nomes de frutas e escreva.

cocomaracujámangacaquipêssego

JÁ SEI LER!

1. Responda.

Pela observação da ilustração, você sabe que parlenda vai ler?

• Leia a parlenda para saber se o que você pensou se confirma. Depois recite-a com os colegas e o professor.

Fui passar na pinguelinha
Chinelinho caiu do pé.
Os peixinhos reclamaram
que cheirinho de chulé!

(Folclore).

Pinguelinha: pequena ponte feita de pau.

2. Sublinhe na parlenda as palavras que rimam.

3. Pinte os espaços entre as palavras.

4. Copie da parlenda as palavras que rimam com:

ninho _____

_____

DE TEXTO EM TEXTO

1. Hoje, além de enviar cartas pelo correio, as pessoas se comunicam mais umas com as outras por meio da internet. Uma dessas formas é o *e-mail*. Para que seja possível enviar e receber *e-mails*, tanto o remetente quanto o destinatário devem possuir um endereço eletrônico.

a) Você tem ou já teve acesso à internet?

b) Você costuma enviar mensagens pela internet?

2. Veja como uma mensagem recebida por *e-mail* aparece na tela do computador.

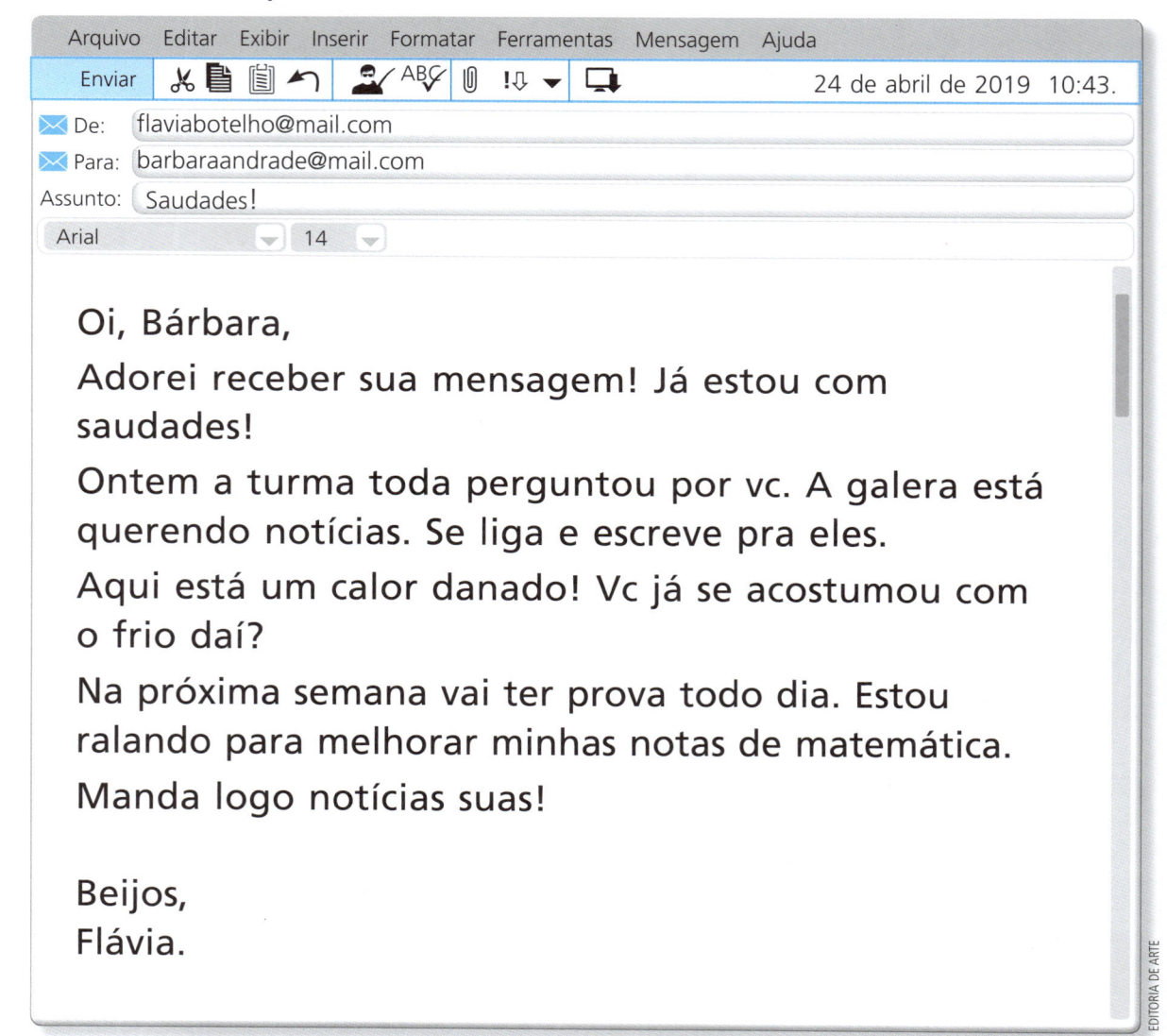

Arquivo Editar Exibir Inserir Formatar Ferramentas Mensagem Ajuda
Enviar   24 de abril de 2019 10:43.
De: flaviabotelho@mail.com
Para: barbaraandrade@mail.com
Assunto: Saudades!
Arial   14
Oi, Bárbara,
Adorei receber sua mensagem! Já estou com saudades!
Ontem a turma toda perguntou por vc. A galera está querendo notícias. Se liga e escreve pra eles.
Aqui está um calor danado! Vc já se acostumou com o frio daí?
Na próxima semana vai ter prova todo dia. Estou ralando para melhorar minhas notas de matemática.
Manda logo notícias suas!
Beijos, Flávia.

Responda.

a) Qual é o assunto do *e-mail*?

b) Na sua opinião, é melhor comunicar-se com parentes e amigos por mensagens escritas à mão ou pela internet? Por quê?

c) De que forma a comunicação é mais rápida? Por cartas enviadas pelo correio ou por *e-mail*?

3. Copie do *e-mail*:

a) o remetente desse *e-mail*, ou seja, quem o escreveu.

_____

b) o destinatário desse *e-mail*, ou seja, para quem ele foi enviado.

_____

c) A data em que esse *e-mail* foi enviado. _____

4. Marque a alternativa adequada.

- Nesse *e-mail*, foi usado um registro informal, como se fosse uma conversa por escrito. Nesse caso, o uso desse registro é adequado?

☐ Sim, pois se trata de uma comunicação entre amigas.

☐ Não, pois todo *e-mail* tem de ser escrito de maneira formal.

FIQUE SABENDO

Em mensagens para amigos via *e-mail*, redes sociais ou aplicativos de celular, você pode usar reduções de palavras, pois elas são muito usadas na internet. Veja algumas.

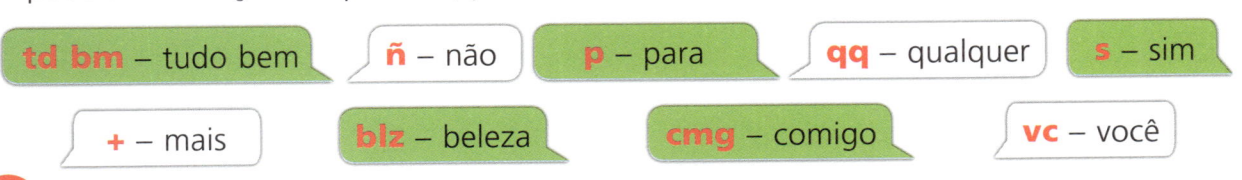

- **td bm** – tudo bem
- **ñ** – não
- **p** – para
- **qq** – qualquer
- **s** – sim
- **+** – mais
- **blz** – beleza
- **cmg** – comigo
- **vc** – você

- Na sua opinião, qual a função do uso de reduções de palavras em registros informais na internet?

CAPÍTULO

2 CARTAS NA LITERATURA

- Como são, geralmente, as bruxas das histórias infantis?
- O que um bichinho de estimação de uma bruxa poderia escrever em uma carta?

LEITURA

1. Acompanhe a leitura do professor e observe se o que você pensou se confirma.

> Treze Chaminés
> Campo das Urtigas
> Dia 15, névoa-feira
>
> Caro tio McAbro,
>
> Você sempre me disse que, se eu estivesse encrencado, deveria te procurar. Pois é, estou com um problemaço. AJUDE-ME!
> Minha bruxa não quer ser bruxa. Ela se recusa a gargalhar como bruxa. Não quer montar em vassouras. Não usa pernas de sapo, olhos de salamandra, asas de morcego em nossas poções. E não quer saber de assustar as crianças. Só pensa em fazer compras, assistir à TV e fazer amizades com não bruxos.
> O que devo fazer?
>
> Seu sobrinho,
> Ronroroso Seramago de Bragança B.
>
> P.S.: O nome dela é Hilda Bruxilda (apelido HB).

Urtiga: folhagem que causa queimaduras em quem encosta nela.

Hiawyn Oram. **As cartas de Ronroroso**: minha bruxa que não quer ser bruxa. Tradução: Áurea Akemi Arata. Ilustradora: Sarah Warburton. São Paulo: Salamandra, 2008. Não paginado.

Hiawyn Oram nasceu na África do Sul, em 1946, e escreve livros para crianças há mais de 20 anos. Possui mais de 90 livros traduzidos em diversos países.

2. Responda.

a) A autora do livro **As cartas de Ronroroso** é brasileira ou estrangeira? Como você descobriu?

b) Na sua opinião, como foi formado o nome do gato?

c) E o nome do tio de Ronroroso?

d) A bruxa a que a carta se refere se parece com as das histórias tradicionais infantis?

• Sublinhe na carta trechos que confirmem sua resposta.

3. A carta de Ronroroso foi escrita em uma situação real de comunicação? Marque.

☐ Sim. ☐ Não.

4. Ronroroso escreveu uma carta para pedir ao tio:

☐ um conselho que o ajudasse a fazer com que sua dona agisse como uma bruxa normal.

☐ que lhe desse a receita de uma poção mágica.

5. Responda.

• Na sua opinião, Ronroroso tem intimidade com o tio? Por quê?

_____

_____

#FICA A DICA

As cartas de Ronroroso. Hiawyn Oram. Salamandra.

O gato Ronroroso está com um grande problema: sua bruxa, Hilda Bruxilda, quer ser tudo, menos bruxa, acredita? Leia o livro e divirta-se com os dramas de Ronroroso.

Na **Roda de Leitura**, você e os colegas vão selecionar livros que tenham bruxa como personagem. Assim, poderão comparar como é essa personagem em contos tradicionais e em contos contemporâneos. Verifique se o livro **As cartas de Ronroroso** faz parte do acervo da biblioteca de sua escola.

6. Releia o cabeçalho da carta.

> Treze Chaminés
> Campo das Urtigas
> Dia 15, névoa-feira

a) Que informações esse trecho da carta traz?

_____

_____

b) Copie do cabeçalho as palavras que lembram histórias de bruxas.

_____

7. Na sua opinião, urtiga é:

☐ um animal.   ☐ uma planta.   ☐ uma fruta.

• Agora, leia as informações a seguir para saber se o que você pensou se confirma.

FIQUE SABENDO

Urtiga é uma espécie de planta que causa queimaduras em contato com a pele. As folhas possuem pelos bem finos que recobrem toda a parte verde. Esses pelos, em contato com a pele, produzem vermelhidão, coceira, ardência (queimaduras) e, consequentemente, muita dor.

"Se você tiver a má sorte de encostar nessa planta, há uma solução: leite de magnésia. Aplique sobre a região afetada e a irritação será eliminada."

Fonte de pesquisa: Líria Alves de Souza. Por que a urtiga queima a pele? Disponível em: <http://mundoeducacao.bol.uol.com.br/quimica/por-que-urtiga-queima-pele.htm>. Acesso em: 16 out. 2017.

Na sua opinião, por que o autor do texto fez referência a essa planta no endereço de Ronroroso?

DE CARONA COM O TEXTO

1. Esta é uma das páginas do Livro de Feitiços do tio McAbro. O livro tem uma foto de McAbro na capa. Imagine como ele é e desenhe na moldura ao lado.

2. Junte-se a um colega para imaginar e escrever quais são os ingredientes da poção mágica enviada para Ronroroso.

Feitiço para botar a cabeça de bruxas que não querem ser bruxas de volta ao devido lugar.

Ingredientes:
_____
_____
_____
_____

Modo de preparar:
Cozinhe no caldeirão por 38 horas.
Depois, deixe secar ao sol até virar pó.

Modo de usar:
Misture o pó na sopa ou no chá da bruxa.

- Será que a ajuda do tio McAbro funcionou? Leia o livro na íntegra para descobrir.

JÁ SEI LER!

1. Responda.

a) Qual é a função das vassouras?

b) Pelo título e pelas ilustrações, do que você acha que o poema vai tratar?

2. Faça a leitura silenciosa do poema. Depois, leia-o com os colegas e o professor.

Que sujeira!

Que sujeira!
Casa de bruxa tem rato,
sapo, morcego e coruja.
Para que é que serve a vassoura,
se a casa dela é tão suja?

Pedro Bandeira. **Por enquanto eu sou pequeno**.
3. ed. São Paulo: Moderna, 2009. p. 10.

3. Sublinhe a pergunta que é feita no **poema**.

4. Responda.

a) A quem essa pergunta é feita?

b) Qual é o motivo dessa pergunta?

c) Nas histórias de bruxa, para que elas usam a vassoura?

5. Escreva os nomes das figuras. Se necessário, consulte o poema.

EXPRESSÃO ORAL

O professor vai convidar uma pessoa mais velha da comunidade para vir à escola para dar uma entrevista e contar suas experiências com trocas de cartas pelo correio.

1 Pensem nas perguntas que farão para:
- descobrir os motivos e as situações que levaram a pessoa a escrever cartas;
- saber para quem essa pessoa costumava escrever e de quem recebia cartas;
- saber sobre a emoção de receber e enviar cartas.

2 O professor vai registrar as perguntas da turma na lousa e definir quem ficará encarregado de fazer cada uma delas.

> **DICA** Não se esqueçam de respeitar a vez do outro falar e de utilizar o tratamento adequado ao se dirigir ao entrevistado: você, o senhor, a senhora.

3 Copie no caderno a pergunta que você fará ao entrevistado.

4 Durante a entrevista, faça uma pergunta por vez e:
- ouça o entrevistado com atenção, sem interrupções;
- faça outras perguntas, a partir das respostas, para incentivar o entrevistado a falar mais sobre o assunto;
- fale em tom de voz e ritmo que todos possam ouvir e entender;
- peça ao entrevistado que repita alguma informação que você não entendeu ou que tenha curiosidade de saber mais;
- peça mais explicações sempre que tiver dúvidas;
- use um registro mais formal, pois você estará falando com uma pessoa mais velha com quem não tem intimidade e em uma situação na qual o objetivo é obter informações claras e precisas. Diferente de uma conversa informal com os colegas.

> **DICA** Após a entrevista, não deixem de agradecer a disponibilidade do convidado em atender à turma e de comentar o quanto as informações foram interessantes.

5 Converse com os colegas sobre o que descobriram com a entrevista.

PRODUÇÃO TEXTUAL

Você e os colegas vão escrever uma mensagem para ser encaminhada por *e-mail* ao entrevistado com o objetivo de agradecer sua presença na escola para conversar com a turma sobre suas experiências com cartas pessoais enviadas pelo correio. Além disso, vão contar o quanto aprenderam com as informações recebidas.

O professor vai ajudar a turma a conseguir o endereço de *e-mail* do entrevistado.

Vocês vão ditar a mensagem, o professor vai registrar na lousa e depois digitar no computador para enviar ao destinatário.

1 Antes de ditar o texto para o professor, é importante planejar:
- qual é o objetivo da mensagem;
- o registro adequado a ser usado nessa situação de comunicação;
- como vão se dirigir ao convidado;
- como vão se despedir e assinar a mensagem.

2 O professor vai reproduzir uma tela em que aparece um *e-mail*. Com os colegas, identifique onde são localizados os seguintes dados:
- *e-mail* do remetente;
- *e-mail* do destinatário;
- data;
- assunto.

DICA Você e os colegas só terão de escrever o *e-mail* do destinatário e o assunto, pois os outros dados são preenchidos automaticamente pelo computador.

3 O *e-mail* a seguir foi escrito por alunos que realizaram uma atividade semelhante. Ele poderá dar dicas para a produção.

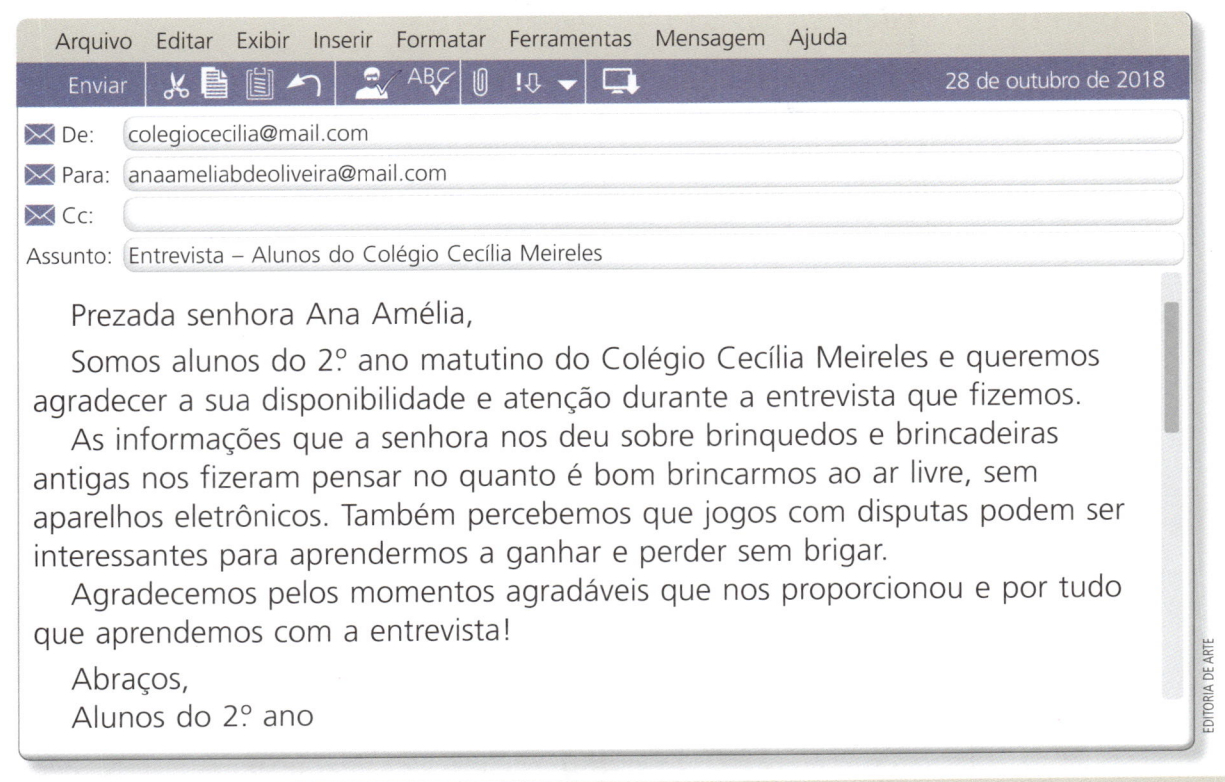

Arquivo Editar Exibir Inserir Formatar Ferramentas Mensagem Ajuda
Enviar   28 de outubro de 2018
De: colegiocecilia@mail.com
Para: anaameliabdeoliveira@mail.com
Cc:
Assunto: Entrevista – Alunos do Colégio Cecília Meireles

Prezada senhora Ana Amélia,

Somos alunos do 2º ano matutino do Colégio Cecília Meireles e queremos agradecer a sua disponibilidade e atenção durante a entrevista que fizemos.

As informações que a senhora nos deu sobre brinquedos e brincadeiras antigas nos fizeram pensar no quanto é bom brincarmos ao ar livre, sem aparelhos eletrônicos. Também percebemos que jogos com disputas podem ser interessantes para aprendermos a ganhar e perder sem brigar.

Agradecemos pelos momentos agradáveis que nos proporcionou e por tudo que aprendemos com a entrevista!

Abraços,
Alunos do 2º ano

4 Ditem o *e-mail* para o professor, lembrando-se de que o objetivo do texto é agradecer a presença do entrevistado e contar o quanto a turma aprendeu com a entrevista.

5 Durante a escrita, leiam e releiam o texto para verificar:
- o que já informaram e o que ainda falta informar na mensagem;
- se o entrevistado vai compreender o motivo da mensagem;
- se usaram o registro formal, adequado a uma situação comunicativa em que não há intimidade entre o remetente e o destinatário.

HORA DE AVALIAR

✔ O que você achou da experiência de escrever um *e-mail*?

✔ Qual é a semelhança entre uma carta enviada pelo correio e um *e-mail*?

VIVA A DIVERSIDADE!

COMUNICAÇÃO: DIREITO DE TODOS!

1 Atualmente, existem diversos meios de comunicação, como cartas, telegramas, *e-mails*, mensagens, TV, rádio, telefone etc.

As pessoas podem utilizar diferentes linguagens: escrita, falada, visual, gestual, corporal, entre outras. O importante é que todos possam se comunicar. Afinal, comunicação é um direito de todos!

As pessoas com deficiência auditiva usam uma língua própria para se comunicar. Essa língua é chamada de Libras – Língua Brasileira de Sinais. Ela inclui gestos e movimentos, que expressam palavras, pensamentos e emoções.

Este é o alfabeto de Libras.

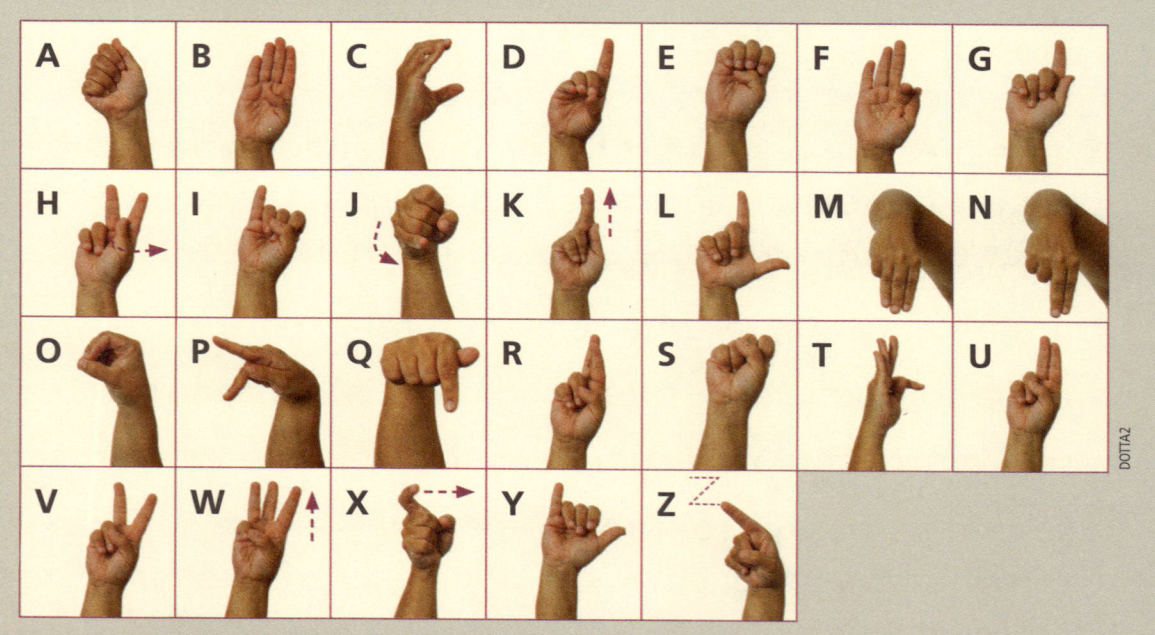

- Você já conhecia esse alfabeto?
- Você já se comunicou ou viu alguém se comunicar em Libras?

2 O professor vai organizar a turma em duplas. Cada integrante vai representar uma palavra usando esse alfabeto para que o colega tente adivinhar.

3 Você conhece a Turma da Mônica, criada por Mauricio de Sousa?

• Leia a página de quadrinhos com o personagem Humberto, uma criança com deficiência da fala que está aprendendo a se comunicar em Libras.

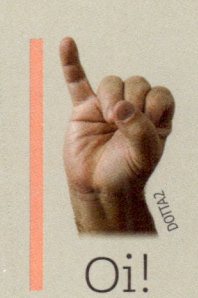

Oi!

DICA Qualquer pessoa pode aprender Libras. Ao aprender essa língua, você poderá se comunicar com pessoas com deficiência auditiva e aumentar seu círculo de amigos.

Mauricio de Sousa. **Turma da Mônica**: Humberto em aprendendo a falar com as mãos! n. 239. São Paulo: Mauricio de Sousa Editora. 2006. p. 35.

a) O que quer dizer o primeiro gesto de Humberto?

b) Observando o alfabeto de Libras, o segundo gesto se parece com que letra?

c) No terceiro quadrinho, é possível saber o que Humberto está tentando dizer?

UNIDADE 4

E LÁ VEM HISTÓRIA...

1. Que tipo de história você mais gosta de ler? Por quê?

2. Você já participou de alguma roda de contação de histórias? Caso tenha participado, conte como foi.

3. Nesta roda, falta você. Onde gostaria de ficar? Desenhe.

NESTA UNIDADE VOCÊ VAI:

- Ler contos que têm animais como personagens.
- Reescrever uma das histórias lidas.
- Escolher um livro e contar a história dele para os colegas da turma.

CAPÍTULO 1

BICHOS DE JARDIM

- Você já leu contos? Que histórias você leu e gostou? Por quê?
- O que você acha que passarinhos gostam de comer? Será que gostam de comer minhocas?
- Observe as ilustrações. Do que você acha que o texto vai tratar?

LEITURA

1. Acompanhe a leitura do professor para saber se o que você e os colegas pensaram se confirma.

A minhoca e os passarinhos

Era uma vez...

Uma minhoca que botou a cabeça de fora para tomar ar e deixou o rabo aparecendo do outro lado do buraco.

De repente, surgiram dois passarinhos: um pela frente, o outro por trás... Um agarrou a cabeça da minhoca com o bico. O outro agarrou o rabo. E cada um achou que fez um bom negócio!

[...]

Cada um puxou o máximo que pôde para o seu lado.

E a minhoca foi se esticando toda. Em qual bico ela iria ficar?

Furiosos, os dois passarinhos começaram a se agredir e, entre tapas e bicadas, acabaram largando a presa... que tratou de escapulir.

Adeus, gostosa minhoca!

[...]

Escapulir: escapar, fugir.

Sylvie Girardet. **Violência, não! A minhoca e os passarinhos**. São Paulo: Scipione, 2000. p. 2, 4-5. (Le ver de terre et les oiseaux » collection Silence, la violence! de Sylvie Girardet et Puig Rosado © Editions Hatier 1999.)

ILUSTRAÇÕES: CLARA GAVILAN

Sylvie Girardet é autora de mais de quarenta livros para crianças que, embora o conteúdo seja sério, ela trata com muito humor e criatividade. Ela também organiza o Museu Herbe, em Paris, na França, um museu diferente, pois apresenta jogos e exposições sobre temas artísticos, especialmente para famílias.

2. Responda.

a) O final da história surpreendeu você? Por quê?

b) Você acha que as histórias com finais inesperados são mais interessantes? Por quê?

c) O texto é escrito em versos ou estrofes como um poema?

3. Você leu um conto. **Contos** são narrativas curtas e com poucos personagens. Geralmente, iniciam apresentando o ambiente e os personagens; em seguida, aparece uma situação-problema, depois um momento de maior tensão, seguido da resolução do problema.

• Quem são os **personagens** do conto?

_____

4. Quem conta a história do conto é chamado **narrador**. Marque a alternativa adequada.

No conto **A minhoca e os passarinhos**:

☐ o narrador participa da história como personagem.

☐ o narrador apenas observa a história, não é personagem.

5. A história começa com a minhoca tranquila com a cabeça e o rabo de fora. O que acabou com essa tranquilidade?

_____

_____

_____

• Sublinhe no trecho a seguir a expressão que marca que algo inesperado vai acontecer.

> De repente, surgiram dois passarinhos: um pela frente, o outro por trás...

CLARA GAVILAN

100

6. Releia outro trecho do conto.

> Um agarrou a cabeça da minhoca com o bico. O outro agarrou o rabo. **E cada um achou que fez um bom negócio!**

- A frase em destaque quer dizer que:
  - ☐ cada passarinho achou que conseguiria comer a minhoca.
  - ☐ cada passarinho achou que compraria a minhoca.

7. Releia.

> Furiosos, os dois passarinhos começaram a se agredir e, entre tapas e bicadas, acabaram largando a presa... que tratou de escapulir.

- Nesse trecho, que palavra foi usada para se referir à **minhoca**? Sublinhe.

8. Leia os significados da palavra **presa** em um dicionário.

> **Presa** (pre.sa) (ê) *sf.*
>
> **1** O que é caçado, tomado pela força (A zebra é a presa da onça.); **2** O que é tomado pela força em luta, guerra ou batalha (Os soldados voltaram carregados com presas de guerra.); **3** Dente canino (As presas do elefante são muito longas.); **4** Dente de cobra. [...]
>
> Editora Saraiva. **Saraiva Jovem**: Dicionário de língua portuguesa ilustrado. São Paulo: Saraiva, 2010. p. 921.

- Sublinhe o significado da palavra **presa** que está de acordo com o sentido usado no conto **A minhoca e os passarinhos**.

9. Por que os passarinhos não conseguiram tirar a minhoca do buraco?

10. Responda.

Essa história teve um final feliz para a minhoca ou para os pássaros? Por quê?

_____

_____

11. Releia mais um trecho do conto.

> Era uma vez...
> Uma minhoca que botou a cabeça de fora para **tomar ar**...

- Nos contos, os fatos narrados podem ser reais ou inventados pela imaginação do autor.

  Na sua opinião, as minhocas precisam sair de baixo da terra para respirar? Por quê?

  _____

  _____

- Agora leia as informações da seção **Fique sabendo** e modifique sua resposta, se for necessário.

FIQUE SABENDO

Como as minhocas respiram debaixo da terra?

As minhocas respiram, mas não enxergam. Apesar de não terem olhos, elas conseguem se orientar debaixo da terra usando o tato e células distribuídas pela pele que detectam a luminosidade. Elas respiram, mas não como a gente. Não possuem pulmões e retiram o oxigênio do ar e do solo através da pele, no que é chamado de respiração cutânea.

FABIO COLOMBINI

Minhocas respiram e enxergam? **Recreio**.
Disponível em: <http://recreio.uol.com.br/noticias/curiosidades/minhocas-respiram-e-enxergam.phtml#.WTm5-GjyuUl>. Acesso em: 8 dez. 2017. Recreio/Editora Caras S/A.

MAIS SOBRE... CONTO

1. Marque a alternativa adequada.

   O ambiente onde se passa a história **A minhoca e os passarinhos** é parecido com o dos contos de fadas?

   ☐ Sim, porque os fatos narrados se passam em uma floresta encantada, com bruxas e fadas.

   ☐ Não, porque os fatos narrados se passam em um local comum, como um jardim de uma casa ou de uma escola.

2. Há contos em que as histórias costumam tratar de situações cotidianas.

   A situação comum narrada no conto **A minhoca e os passarinhos** é:

   ☐ Passarinhos levarem uma minhoca para o ninho.

   ☐ Passarinhos tentarem comer uma minhoca.

3. O conto **A minhoca e os passarinhos** começa com a expressão "Era uma vez...".

   a) Marque a alternativa adequada.

   Essa expressão é mais comum de ser encontrada:

   ☐ nas receitas culinárias.   ☐ nos contos de fadas.

   b) Liste dois contos de fadas que você conhece começados por essa expressão.

   _____

   _____

4. De que outra forma você acha que o conto **A minhoca e os passarinhos** poderia começar?

NOSSA LÍNGUA

1. Releia o conto **A minhoca e os passarinhos** e pinte os sinais que estão entre as palavras e no final das frases. Use lápis de cor clarinha.

   • Compare a sua marcação com a do colega ao lado. Será que vocês marcaram os mesmos sinais?

2. Responda.

   a) Você sabe como são chamados os sinais que você pintou?

   b) Na sua opinião, para que servem esses sinais?

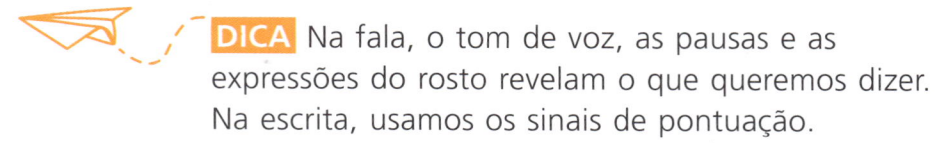

   > **DICA** Na fala, o tom de voz, as pausas e as expressões do rosto revelam o que queremos dizer. Na escrita, usamos os sinais de pontuação.

3. Conheça o nome de alguns sinais de pontuação.

   ? Ponto de interrogação

   ! Ponto de exclamação

   . Ponto final

   • Leia a tirinha e comente com os colegas o que deu humor a ela. Depois, identifique e circule os sinais de pontuação que nela aparecem.

   — ARRUMOU TUDO PARA A VIAGEM?
   — SiiiM!
   — E SUAS ROUPAS COUBERAM TODAS NESSA MALINHA?
   — QUE ROUPAS?
   — SÓ ESTOU LEVANDO GIBIS.

   Alexandre Beck. **Armandinho três**. Florianópolis: A. C. Beck, 2014. p. 10.

4. Os sinais de pontuação podem alterar o sentido de uma frase. Com os colegas, leia as frases a seguir. Observe os sinais de pontuação para dar a entonação adequada a cada frase.

A Todas as roupas couberam na malinha.

B Todas as roupas couberam na malinha!

C Todas as roupas couberam na malinha?

• Responda.

a) Que frase indica uma pergunta?

• Escreva o sinal de pontuação que foi utilizado para isso.

b) Que frase demonstra sentimento como espanto, admiração?

• Escreva o sinal de pontuação que foi utilizado para isso.

c) Que frase está apenas afirmando algo?

• Escreva o sinal de pontuação que foi utilizado para isso.

5. Copie a frase a seguir pontuando-a de acordo com a leitura de seu professor.

a) Você ganhou um cachorro

b)

c)

DE TEXTO EM TEXTO

1. O poema a seguir conta a história de Filomena, uma minhoca que queria ter uma casa para morar. Será que ela vai conseguir realizar esse sonho?

2. Faça a leitura silenciosa do poema. Depois, responda: o que você pensou que fosse acontecer se confirmou?

3. Agora, acompanhe a leitura do professor.

A minhoca Filomena

[...]

Coitada ficava triste,
numa grande depressão
enquanto todos tinham casa,
morava em um buraco no chão.
[...]

E ela, inconformada,
procurou o Carijó,
que ciscava no terreiro
comendo insetos sem dó.

Ao ficarem cara a cara,
ele não pensou um segundo
olhou para ela e disse:
– Meu Deus, como é bom o mundo!

Filomena, aterrorizada,
não teve como hesitar,
mergulhou num buraquinho
e conseguiu se safar.
[...]

Márcia Glória Rodriguez Dominguez. **A minhoca Filomena**. São Paulo: Ed. do Brasil, 2008. p. 3, 4, 8, 9, 10 e 11.

Safar: fugir, escapar.

4. Reconte oralmente a história usando como apoio as ilustrações.

5. Responda.

a) Quem era Carijó?

b) Carijó ficou triste ou alegre ao ver a minhoca? Por quê?

c) O último verso da terceira estrofe poderia ter sido escrito assim:

> — Meu Deus, como a vida é boa!

- Na sua opinião, a estrofe teria a mesma sonoridade? Justifique.

6. Responda.

- Filomena conseguiu escapar? Como?

_____

_____

7. Releia alguns versos do poema, observando as palavras em destaque.

> morava em um **buraco** no chão.

> mergulhou num **buraquinho**

a) Existe diferença de sentido entre as palavras? Explique.

_____

_____

b) O que causou essa diferença de sentido?

_____

c) E se a minhoca tivesse mergulhado em um **buracão**? Teria sido mais fácil ela escapulir? Por quê?

_____

8. Releia uma das estrofes do poema.

> Filomena, **aterrorizada**,
> não teve como **hesitar**,
> mergulhou num buraquinho
> e conseguiu se safar.

a) Que palavra poderia substituir a palavra **aterrorizada** sem mudar o sentido do texto?

_____

b) O que você entendeu pela palavra **hesitar**? Marque as alternativas adequadas.

☐ Vacilar, titubear.

☐ Ficar nervoso.

☐ Garantir, afirmar.

☐ Ficar em dúvida sobre o que fazer.

9. Agora que você já leu várias vezes o poema **A minhoca Filomena**, leia-o em voz alta, observando a legenda:

Meninos   Meninas   Meninos e meninas

10. Compare as semelhanças e as diferenças entre os textos **A minhoca e os passarinhos** e **A minhoca Filomena**, marcando um ✗ nas características de cada um.

	A minhoca e os passarinhos	A minhoca Filomena
É um conto.		
É um poema.		
Tem muitas palavras que rimam.		
A minhoca escapou do predador.		
Tem a minhoca como personagem.		
Tem a minhoca como narradora.		

108

PRODUÇÃO TEXTUAL

Você e os colegas vão reescrever o conto **A minhoca e os passarinhos** e presentear alguém da família. A turma irá ditar a história e o professor a registrará na lousa. Depois, ele vai reproduzir uma cópia para cada aluno ilustrar.

DICA Para começar, converse sobre a sequência dos fatos da história.

1 Combinem como cada trecho do conto deverá ser registrado pelo professor. Lembrem-se de usar palavras ou expressões como **então**, **foi aí que**, **depois disso**, para mostrar a passagem de tempo na história.

DICA Durante a reescrita, é importante que leia e releia o conto para verificar se: apresenta os personagens e o ambiente; o problema a ser resolvido pelos passarinhos; o clímax, ou seja, o momento de maior tensão na história; e o desfecho, ou seja, como o problema foi resolvido.

2 O professor vai copiar o conto criado em uma folha de papel pardo. Assim, você e a turma poderão reler a história para fazer a **revisão final** e torná-la ainda mais interessante para o leitor.

3 O professor vai entregar para cada aluno uma cópia do conto com espaço para a ilustração.

4 Tudo pronto, é hora de presentear a pessoa escolhida. Não deixe de perguntar a opinião dela sobre a história.

HORA DE AVALIAR

✔ Na sua opinião, houve a colaboração de todos durante o reconto?

✔ Foi importante esperar alguns dias para reler o conto criado antes de considerá-lo concluído? Por quê?

✔ A ilustração contribuiu para deixar o conto interessante?

EXPRESSÃO ORAL

O professor vai organizar a turma em grupos pequenos. Cada grupo vai escolher um livro de contos que faça parte do acervo da biblioteca da escola para contar a história para a turma.

1 Decidam em grupo se irão ler a história ou contá-la de memória.

2 Dividam a história e combine a parte que cada integrante do grupo vai contar ou ler.

3 Iniciem a apresentação mostrando a capa do livro e apontando as informações contidas nela: **título**, **nome do autor**, **do ilustrador** e **da editora**.

4 Contem o motivo de ter escolhido aquele livro: pela história, pelas ilustrações, pelo tema etc.

5 Falem em voz alta, pronunciando bem as palavras e com entonação adequada, de forma a transmitirem todo o entusiasmo pela escolha do livro e as emoções da história.

6 Mostrem as ilustrações à medida que a história for sendo contada. Gestos ajudam a mostrar ações da história e a prender a atenção da plateia.

DICA Durante a leitura, mantenha a postura ereta. Não se apoie na lousa, na mesa ou no colega. Não se esqueça de fazer pausas para olhar para a plateia. Ao término de cada apresentação, o grupo pode abrir espaço para que os colegas comentem sobre o que acharam da apresentação e da história, justificando suas opiniões.

CAPÍTULO 2

BICHOS AMIGOS

- Em sua opinião, qualquer animal pode ser criado como animal de estimação? Por quê?
- O personagem do conto que você vai ler queria muito um animal de estimação. Você acha que ele ganhou?
- Que pistas você usou para chegar à resposta?

LEITURA

1. Faça a leitura silenciosa do conto. Depois, acompanhe a leitura do professor.

Bicho de estimação

[...]
Eu sempre quis ter um bicho de estimação.

Na verdade, eu queria um cachorro, daqueles grandes, com o pelo caindo pela cara.

Papai explicou que aqui no apartamento é proibido ter cachorro.

Aqui, tudo é proibido.

Eu chorei que queria porque queria ter o meu bicho. E minha mãe me comprou sabe o quê? Uns peixinhos dourados.

Eu bem que tentei brincar com eles, apesar de que eles não faziam nada, só ficavam nadando de um lado para o outro, e comendo aquela paçoquinha que tem que dar muito pouquinho de cada vez, senão eles estouram de tanto comer.

Já viu bicho mais burro? Estourar de tanto comer.

Um dia, a gente estava brincando de médico. Eu era o médico fingindo que os peixinhos estavam doentes. Daí, eu coloquei o meu remédio de bronquite dentro do aquário.

Os peixinhos ficaram todos de barriga para cima. Pensei que tinham dormido. Mamãe disse que tinham morrido, ficou furiosa e jogou tudo no lixo. E eu nunca mais tive um bicho de estimação.

Também, dos peixinhos nem senti falta.

Quem pode querer um bicho que não se pode nem encostar nele?

Bronquite: inflamação dos brônquios, que se reconhece pela tosse e pelo chiado do peito.

Orlando de Miranda. **Com lagartixa não tem conversa**. São Paulo: Moderna, 1993. p. 20-21.

Orlando de Miranda nasceu em 1939 e sempre morou em São Paulo. É professor de Sociologia e já publicou vários livros, entre eles: **Carta aberta aos elefantes, O incrível caso da múmia que falava francês** e **O espião que caiu do galinheiro**.

2. O menino até chorou para ganhar um animal de estimação. Você já insistiu muito para ganhar alguma coisa? O quê?

- Em sua opinião, o que faz mais efeito para conseguir algo: chorar, fazer birra ou argumentar para justificar os motivos de você merecer ganhar o que quer? Por quê?

3. Quem participa dessa história, ou seja, quem são os personagens?

_____

4. Releia um trecho do conto.

> Um dia, a gente estava brincando de médico. Eu era o médico fingindo que os peixinhos estavam doentes.

- Você já estudou que quem conta a história é chamado **narrador**. Responda.

a) Nesse conto, o narrador participa da história como personagem ou apenas observa os fatos?

_____

b) O narrador é:

☐ um menino.   ☐ uma menina.

- Circule no trecho as palavras que confirmam sua resposta.

5. Este cachorro se parece com o que o menino gostaria de ganhar? Por quê?

_____
_____

6. Sublinhe no conto o motivo que o pai deu ao filho para não lhe dar um cachorro.

7. Marque a alternativa adequada.

Para o menino, a desvantagem de ter peixinhos como animais de estimação é:

☐ eles comerem pouco.

☐ eles morrerem logo.

☐ não poder brincar com eles.

☐ eles dormirem muito.

8. Em sua opinião, qual foi a intenção do menino ao dar remédio de bronquite para os peixinhos?

_____

_____

_____

9. Releia um trecho do conto.

> Mamãe disse que tinham morrido, ficou **furiosa** e jogou tudo no lixo.

- Nesse trecho, faria diferença substituir a palavra **furiosa** por **brava**? Marque.

☐ Não, pois as palavras **furiosa** e **brava** têm sentidos idênticos.

☐ Sim, pois, apesar de as palavras **furiosa** e **brava** terem sentidos semelhantes, a palavra **furiosa** mostra mais claramente o quanto a mãe ficou insatisfeita.

DE CARONA COM O TEXTO

1. Os peixes dourados do conto comiam ração especial. E você, o que gosta de comer? Que tal fazer um sanduíche?

- Escreva a **lista de ingredientes** do seu sanduíche preferido. Depois, desenhe esses ingredientes no espaço entre os pães.

Lista de ingredientes:

_____   _____

_____   _____

_____   _____

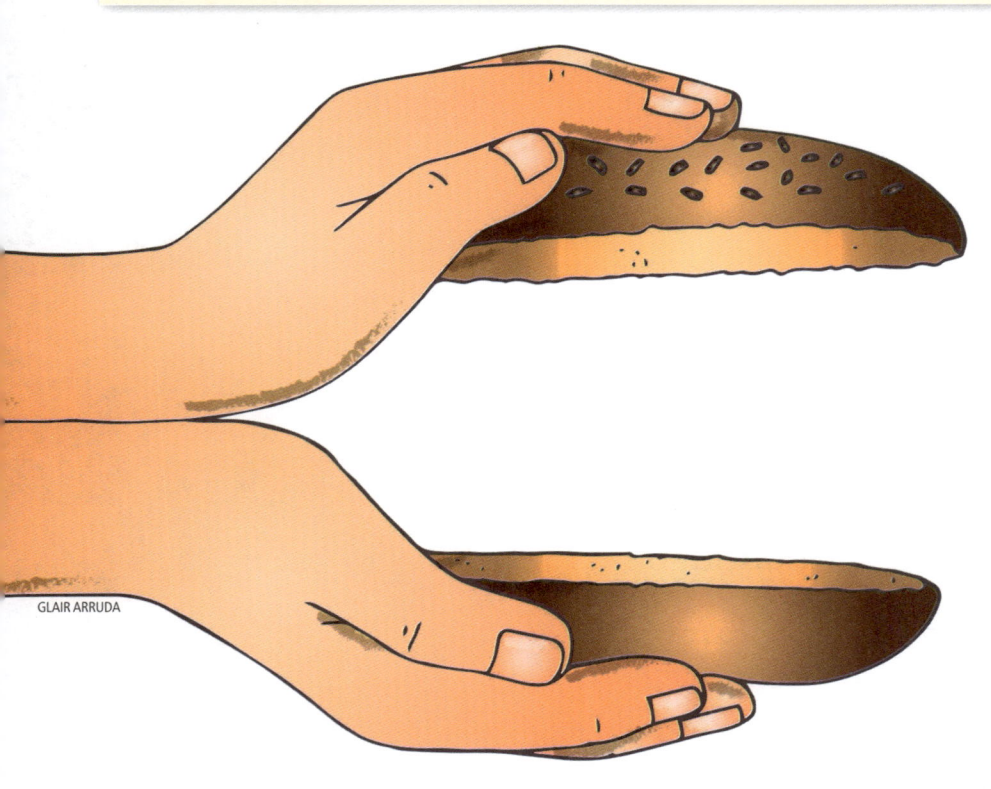

2. Com o professor e a turma, faça uma lista ilustrada dos ingredientes de sanduíche mais usados por todos. Esse trabalho vai ser exposto no mural da classe.

115

JÁ SEI LER!

1. Você conhece a cantiga **O passeio do Jacaré**?

- Sua turma vai ler e cantar a cantiga, fazendo os gestos que o professor vai ensinar.

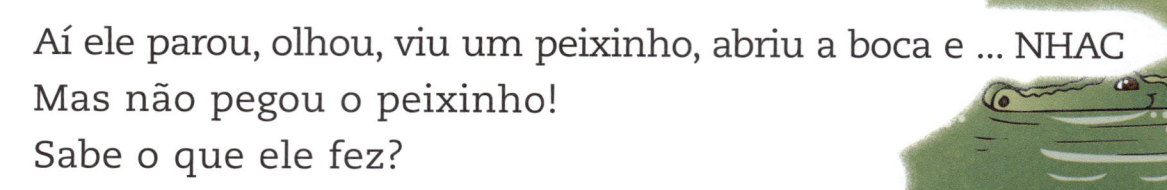

O passeio do Jacaré

O Jacaré foi passear lá na lagoa
Foi por aqui (3 palmas)
Foi por ali (3 palmas) } (BIS)

Aí ele parou, olhou, viu um peixinho, abriu a boca e ... NHAC
Mas não pegou o peixinho!
Sabe o que ele fez?

O Jacaré foi passear lá na lagoa
Foi por aqui (3 palmas)
Foi por ali (3 palmas) } (BIS)

Aí ele parou, olhou, viu um peixinho, abriu a boca e ... NHAC
Pegou o peixinho!
Huuuum! Ficou com a barriga deste tamanho!
Aí sabe o que ele fez?

O Jacaré já foi embora da lagoa
Foi por aqui (3 palmas)
Foi por ali (3 palmas) } (BIS)

Aí ele chegou na beira da lagoa, deitou e ROONC...
ACORDA, JACARÉ! (Todos juntos)

(Folclore.)

2. Responda.

a) O que o jacaré estava procurando na lagoa?

b) Por que as palavras do último verso foram escritas com letras maiúsculas?

c) **NHAC** imita um som. Que som é esse?

3. Marque.

"Huuuum!" quer dizer que o jacaré:

☐ ainda está com fome.

☐ está satisfeito por ter comido o peixinho.

4. Responda.

a) Como você acha que ficou a barriga do jacaré?

_____

b) O que o jacaré fez depois de comer o peixinho?

_____

• Sublinhe a parte que confirma a sua resposta.

5. A estrofe a seguir foi escrita de propósito com algumas palavras emendadas. Reescreva-a dando espaço entre as palavras.

> OJacaré foi passear lánalagoa
> Foi poraqui
> Foi porali

_____

_____

_____

117

NOSSA LÍNGUA

1. Observe a imagem.

- Do que as crianças estão brincando?

2. Escreva o nome de quatro coisas que você vê na foto.

_____

3. Discuta com os colegas a questão a seguir e responda.

- Todas as figuras da cena têm nome? _____

4. As palavras que usamos para dar nome a qualquer pessoa, animal, fruta, flor, objeto e sentimento são **nomes comuns**. Complete o quadro a seguir com nomes comuns.

Letras	Nomes de animais	Nomes de frutas	Nomes de objetos
A			
M			
P			

- Os nomes comuns são escritos com letra inicial minúscula. Releia as palavras que você escreveu e, se necessário, faça correções.

5. Complete o texto a seguir com nomes, de acordo com a legenda.

Nome de:

- pessoa 🟦
- fazenda 🟩
- jornal 🟪(rosa)
- cidade 🟧
- animal 🟨
- escola 🟫

Meu nome é _____

e estudo na escola _____

_____. Nos

fins de semana, costumo visitar a fazenda

_____, que fica em

uma cidade próxima chamada _____

_____. Lá tem muitos animais. O último

que nasceu foi batizado de _____.

É um porquinho tão lindo que a foto dele saiu no jornal _____

_____.

- Releia as palavras que você usou para completar o texto e, se necessário, faça correções.

> Os nomes que usamos para nomear uma só pessoa, animal, cidade, rua, avenida, time de futebol, revistas etc. são **nomes próprios**. Nomes próprios são escritos com letra inicial maiúscula.

6. Agora observe a capa de um livro de contos.

a) Sublinhe as palavras que foram escritas com letra inicial maiúscula.

b) Conte para os colegas por que essas palavras foram escritas com letra inicial maiúscula.

7. Invente e escreva um nome para o leão e para a menina.

_____

• Responda.

Você escreveu esses nomes com letra inicial maiúscula ou minúscula? Por quê?

8. Observe as capas dos livros a seguir. A primeira capa é de um livro de poemas sobre animais e a segunda, de um livro de conto que tem o Bicho Zim como personagem.

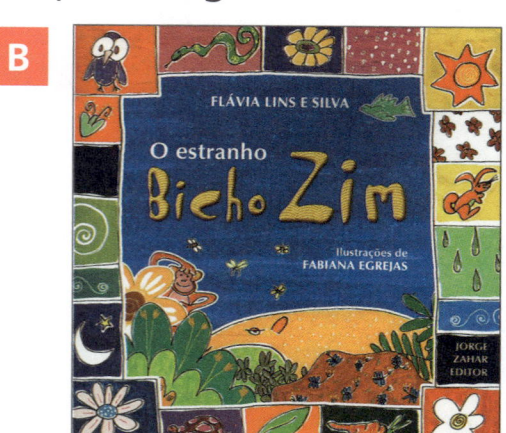

A — O bicho vai pegar! — Edson Gabriel Garcia — EDITORA CORTEZ

B — O estranho Bicho Zim — FLÁVIA LINS E SILVA — Ilustrações de FABIANA EGREJAS — JORGE ZAHAR EDITOR — EDITORA ZAHAR

• Leia os títulos e responda.

a) Que palavra aparece nos dois títulos? Sublinhe.

b) Explique o motivo de essa palavra ter sido escrita ora com letra inicial maiúscula, ora com letra inicial minúscula.

9. Faça uma frase de acordo com a cena. Lembre-se: use letra inicial maiúscula nos nomes próprios e no início de frases.

_____
_____
_____

COM QUE LETRA?

▼ PALAVRAS COM **GUE** OU **GUI**

1. Armandinho, o personagem da tirinha a seguir, tem um animal de estimação bastante incomum: um sapo! Leia a tirinha e comente suas impressões sobre ela com os colegas.

Alexandre Beck. **Armandinho um**. Florianópolis: A. C. Beck, 2014. p. 14.

- Responda.

   a) Para onde Armandinho queria enviar os piolhos?

   b) O que o sapo fez com os piolhos? Explique sua resposta.

2. Você sabe como é a aparência do filhote do sapo? E qual é o seu nome nessa fase?

- Observe a imagem e leia as informações. Depois, comente o que você descobriu com a leitura do texto.

> [...] Alguns sapos, rãs e pererecas, logo após saírem de seus ovos, possuem corpo bem diferente do dos anfíbios adultos. Eles não têm patas e apresentam cauda. Nessa fase da vida, são chamados de **girinos**. 
> [...]
>
> Mariana Araguaia. Anfíbios. **Escola Kids**. Disponível em: <http://escolakids.uol.com.br/anfibios.htm>. Acesso em: 8 jun. 2017.

3. Leia em voz alta as duplas de palavras observando o som das sílabas em destaque.

| **ge**rente | **gi**rino |
| **gue**pardo | **gui**zo |

a) Circule a letra que foi acrescentada às sílabas em destaque.

b) O acréscimo dessa letra mudou o som da sílaba?

4. Complete as palavras a seguir com **ge**, **gue**, **gi** ou **gui**.

es_____cho   je_____   _____leia   _____násio

5. Cole os adesivos da página 290 na ordem de sua preferência. Depois escreva o nome das figuras.

COLE AQUI

COLE AQUI

_____

_____

COLE AQUI

COLE AQUI

_____

_____

122

ESPAÇO LITERÁRIO

1. Observe a capa do livro **Menina bonita do laço de fita**, de Ana Maria Machado, que apresenta o conto que o professor vai ler.

  • Do que você acha que a história trata? Comente com os colegas. Justifique sua opinião com informações presentes na capa.

2. Ouça a história com atenção. Depois comente com os colegas suas impressões sobre o conto.

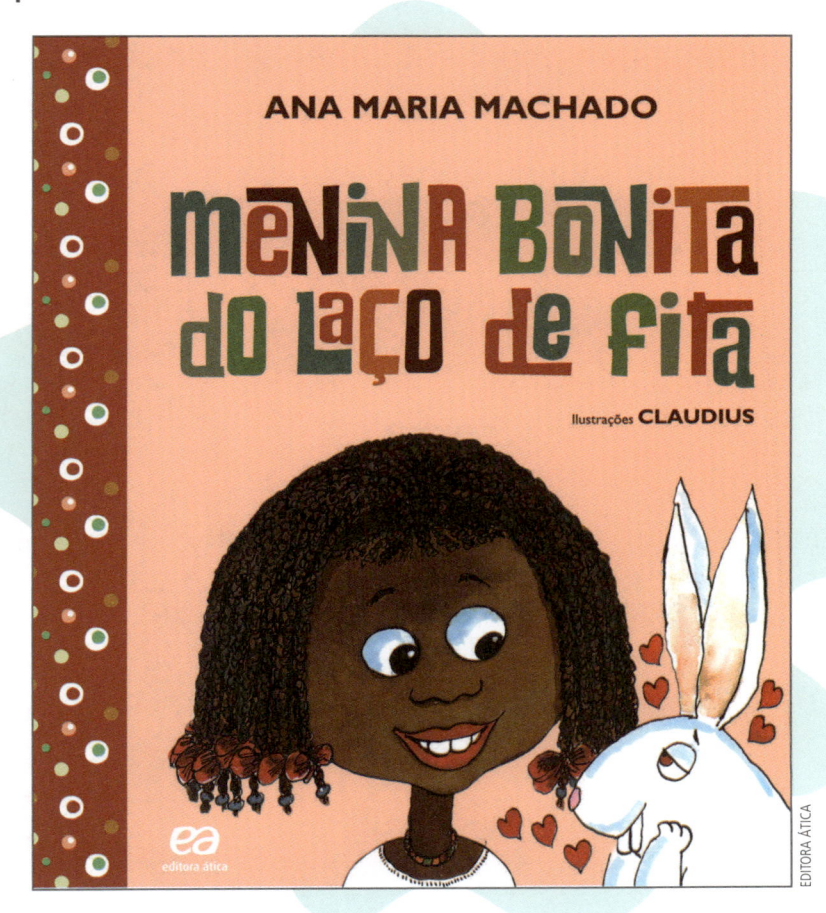

#FICA A DICA

Hugo está com soluço. Sophie Schmid. Brinque-Book.

O professor vai levar para a **Roda de Leitura** livros que tenham animais como personagens. Se o livro **Hugo está com soluço** fizer parte do acervo da biblioteca da escola, você poderá escolhê-lo para ler e se divertir!

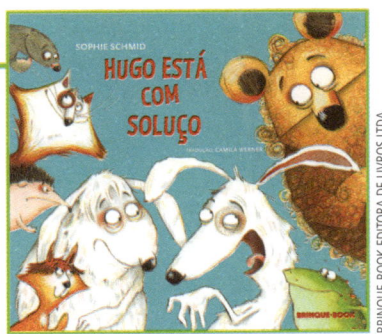

VIVA A DIVERSIDADE!

▼ CRIANÇAS TÊM DIREITOS

1 ***O livro dos grandes direitos das crianças***, de Hiro Kawahara e Marcelo Lourenço, expressa os desejos infantis e, com humor, alerta para os direitos das crianças.

a) Pela observação das imagens, de quais direitos você acha que esse livro trata?

b) Leia trechos desse livro para saber se o que você pensou se confirma.

Artigo 3º

[...]
É direito de toda criança ser amiga de qualquer tipo de bicho, seja ele peludo, escamoso, penoso, fantasioso ou gigantoso.
[...]

Artigo 7º

É direito de toda criança ter vontade de viajar em um disco voador, de ter um superpoder ou de ser dono de um robô gigante que também é máquina de fazer sorvete.
[...]

Hiro Kawahara e Marcelo Lourenço. **O livro dos grandes direitos das crianças**. São Paulo: Panda Books, 2011. p. 6-7, 11, 13 e 18.

2 Crie um artigo parecido com os de Hiro Kawahara e Marcelo Lourenço. Escreva o rascunho no espaço a seguir. Em seguida, após revisar o texto, passe-o a limpo em uma folha à parte e ilustre. Os trabalhos serão expostos em um mural fora da sala de aula.

3 Você conhece o **Estatuto da Criança e do Adolescente**, também conhecido como ECA? Trata-se de um conjunto de normas que têm por objetivo a proteção integral das crianças e dos adolescentes.

- Leia com os colegas e o professor alguns artigos.

> **Art. 4º.** É dever da família, da comunidade, da sociedade em geral e do poder público assegurar, com absoluta prioridade, a efetivação dos direitos referentes à vida, à saúde, à alimentação, à educação, ao esporte, ao lazer, à profissionalização, à cultura, à dignidade, ao respeito, à liberdade e à convivência familiar e comunitária.
> […]

> **Art. 18.** É dever de todos velar pela dignidade da criança e do adolescente, pondo-os a salvo de qualquer tratamento desumano, violento, aterrorizante, vexatório ou constrangedor.
> […]
>
> BRASIL. **Estatuto da criança e do adolescente**. Disponível em: <www.planalto.gov.br/ccivil_03/leis/L8069.htm>. Acesso em: 7 jun. 2017.

vexatório: que causa vergonha, constrangimento.

- Responda.

a) Que outros direitos você acha que as crianças têm?

_____
_____
_____

b) Alimento, moradia, escola, família e lazer são direitos das crianças. Na sua opinião, todas as crianças têm esses direitos respeitados?

_____

_____

_____

4 Na sua opinião, qual a principal diferença entre os direitos listados por Hiro Kawahara e Marcelo Lourenço e os artigos do ECA? E qual a principal semelhança?

_____

_____

_____

_____

5 Que tal você, os colegas e o professor combinarem um dia para irem à sala de informática para jogarem o jogo **Direito da Criança** e aprenderem mais sobre o **Estatuto da Criança e do Adolescente**?

• Agora, escreva o que você aprendeu sobre o **Estatuto da Criança e do Adolescente** ao jogar o jogo **Direito da Criança**.

_____

_____

_____

_____

UNIDADE 5 SERÁ IMAGINAÇÃO?

1. O que as pessoas estão fazendo na imagem? Dê detalhes.

2. Nesta cena, há alguns detalhes misteriosos. Encontre-os e circule-os.

3. Você conhece os personagens aos quais esses elementos pertencem? Relacione cada elemento a seu personagem.

NESTA UNIDADE VOCÊ VAI:

- Ler algumas lendas e aprender que elas fazem parte da cultura dos povos.
- Aprender um pouco de suas características.
- Escolher uma lenda para ler para a turma e reescrevê-la.

CAPÍTULO 1

HISTÓRIAS DO POVO BRASILEIRO

- Você conhece alguma história da qual os personagens da abertura participam? Qual?
- Pela observação das imagens e do título do texto, do que você acha que a história a seguir vai tratar?

LEITURA

1. Acompanhe a leitura do professor para ver se o que você pensou se confirma. Depois, comente suas impressões sobre a história.

Potira

Numa tribo que ficava à margem de um rio viviam dois jovens: o guerreiro Itagibá e a formosa Potira. Eles se amavam tanto que todos os habitantes da tribo sabiam que, quando chegasse a lua certa, eles uniriam seus corações e suas almas num ritual de amor sagrado. [...]

Tudo continuaria bem se a guerra não viesse convocar os homens da tribo para lutar em território vizinho. Então, mães, mulheres, meninas e meninos pequenos acompanharam os homens, que carregavam seus arcos e suas flechas até a margem do rio. Um por um, mães, mulheres, meninas e meninos foram se despedindo dos homens. Depois, contemplaram os barcos fazendo a curva do rio. Os dias passavam, e Potira esperava ressurgir na curva do rio a canoa trazendo Itagibá. [...]

Numa tarde, a canoa que levara Itagibá voltou. Trazia vários índios. O coração de Potira disparou, não sabendo se sentia medo ou alegria. [...] Os índios largaram os remos, saltaram e, sem trocar uma palavra sequer, puxaram a canoa para a margem do rio. Foram ao encontro de Potira e baixaram suas cabeças, num gesto de respeito. [...] A índia compreendeu e também ficou cabisbaixa, no único gesto que conseguiu esboçar. [...]

As lágrimas de Potira foram caindo sem parar, puras e brilhantes. Foram caindo durante horas, dias, cada vez mais brilhantes, cada vez mais sentidas. O deus Tupã ficou comovido com a ternura e a imensa dor de Potira. Nunca ele havia visto uma índia sentir um amor tão grandioso e verdadeiro por um índio. Para perpetuar aquele grande amor, Tupã resolveu transformar todas as lágrimas da índia em diamantes.

Até hoje, para aos índios daquela tribo, um diamante é uma lágrima de Potira, uma cristalização de seu amor pelo índio Itagibá.

Ritual: cerimônia.
Ressurgir: reaparecer, surgir de novo.
Cabisbaixa: entristecida, desamparada.
Tupã: divindade do povo indígena Tupi.

Jonas Ribeiro. **Amigos do folclore brasileiro**. Ilustrado por Nilton Bueno. São Paulo: Mundo Mirim, 2010. p. 23.

Paulistano, nascido em setembro de 1970, desde que se conhece por gente Jonas Ribeiro é apaixonado pelos livros. Tornou-se um leitor voraz ainda na adolescência e, na juventude, optou por se graduar em Língua e Literatura Portuguesa.

Mudou-se da capital de São Paulo para o pequeno município de Embu-Guaçu, também em São Paulo. Morando num lugar bastante sossegado, ele se realiza por estar cercado de árvores e de pássaros.

2. Responda.

   a) Que acontecimento mudou a vida tranquila de Potira e Itagibá?

   b) O que aconteceu com Itagibá na guerra? Como você descobriu isso?

   c) Os índios voltaram imediatamente da guerra ou demoraram algum tempo fora da aldeia?

   - Sublinhe um trecho que marca a passagem de tempo na lenda.

3. Na sua opinião, a lenda **Potira** apresenta um fato real? Justifique.

> As **lendas** são histórias orais ou escritas que misturam acontecimentos ou personagens reais e imaginários, a ponto de ser difícil dizer o que é imaginação ou não. As lendas são contadas ao longo do tempo e modificadas pela criatividade das pessoas. Ao serem registradas por escrito podem ser conhecidas por outros povos e pessoas.

4. Os fatos narrados se passam em uma comunidade **à margem** de um rio.

   - A expressão em destaque quer dizer que a comunidade ficava:

      ☐ dentro de um rio.

      ☐ perto de um rio.

      ☐ longe de um rio.

5. De acordo com essa lenda, como surgiram os diamantes?

_____

_____

_____

6. Releia uma frase do texto.

> **A** Um por um, mães, mulheres, meninas e meninos foram se despedindo dos homens.

- Esse mesmo trecho poderia ser escrito assim:

> **B** Todos se despediram dos homens.

a) Qual das duas formas dá ao leitor mais possibilidade de imaginar como foi a cena de despedida dos guerreiros indígenas e se emocionar com ela? Marque.

☐ Trecho A.   ☐ Trecho B.

b) Justifique oralmente sua resposta.

7. Releia mais um trecho da lenda.

> Eles se amavam tanto que todos os habitantes da tribo sabiam que, quando chegasse a lua certa, eles uniriam seus corações.

- Esse trecho mostra a importância da lua para marcar o tempo nas comunidades indígenas. Leia o **Fique sabendo** para ver como essa marcação de tempo é feita.

FIQUE SABENDO

Ao observar a Lua, os índios notaram que […] ela passa por quatro diferentes fases: nova, crescente, cheia e minguante. E perceberam que, de uma Lua nova para outra, […] há um espaço de tempo que se repete sempre. Ou seja, para duas aparições consecutivas da mesma Lua se passam de 29 a 30 dias. Assim, adotaram esse período como uma importante unidade de tempo: o mês! […]

Maria Ganem. **As fases da Lua e sua influência no dia a dia**. Disponível em: <http://chc.cienciahoje.uol.com.br/as-fases-da-lua-e-sua-influencia-no-dia-a-dia/>. Acesso em: 7 jun. 2017.

MAIS SOBRE... LENDA

1. Você conheceu a lenda que fala do amor entre a índia Potira e o guerreiro Itagibá e explica o surgimento dos diamantes. O professor vai ler o final dessa mesma lenda, escrita por outro autor. Escute com atenção, depois responda.

a) Uma mesma lenda pode ser contada de diferentes formas. Por que você acha que isso acontece?

b) Nas lendas, o narrador participa como personagem ou é um narrador que apenas conta os fatos sem participar deles?

2. Leia alguns títulos de lendas e discuta a questão a seguir com os colegas e o professor.

> O surgimento da noite
> Como surgiram as estrelas
> Como surgiram os bichos
>
> <small>Ademilson S. Franchini. **As 100 melhores lendas do folclore brasileiro**. Porto Alegre: L&PM, 2011. Sumário.</small>

- Observando esses títulos, o que as lendas procuram explicar?

3. Agora leia o início de algumas lendas.

> **Nos dias antigos**, os índios parintins [...]
> **Certa vez**, ia um caçador pela mata [...]
> Havia, **há muito tempo**, uma gruta [...]
>
> <small>Ademilson S. Franchini. **As 100 melhores lendas do folclore brasileiro**. Porto Alegre: L&PM, 2011. p. 82, 122 e 124.</small>

- Assinale a alternativa que completa a frase.

Esses trechos indicam que as lendas se passam em um tempo:

☐ indefinido, indeterminado.

☐ determinado, preciso.

ESPAÇO LITERÁRIO

1. Você vai ouvir a lenda **A juruva e o fogo**, recontada pela autora Flávia Muniz.

a) Você sabe o que é a **juruva**?

b) Na sua opinião, que relação a juruva tem com o fogo?

2. Leia as informações da ficha sobre a juruva no **Fique sabendo** e descubra mais detalhes sobre essa ave.

FIQUE SABENDO

Juruva-verde

Descrição
Ave de grande beleza, possui máscara negra e manchas pretas peitorais […]. Seu forte bico apresenta coloração preta. […]

Hábitat
Ocorre tanto nas baixadas litorâneas […]. Costuma ficar no interior da mata.

Alimentação
Captura grandes insetos, moluscos, pequenos répteis e mamíferos, além de poucos frutos.

JURUVA-VERDE. COAVE – Clube de Observadores de Aves do Vale Europeu. Disponível em: <http://coave.org.br/biblioteca-de-aves-detalhes.php?id=341>. Acesso em: 12 jun. 2017.

3. Agora ouça a lenda **A juruva e o fogo** e comente suas impressões sobre a história.

#FICA A DICA

Nosso folclore, Maria Regina Pereira e Zuleika de Almeida Prado, Mundo Mirim.

O professor vai fazer **Rodas de Leitura** com livros de lendas. Você poderá escolher a lenda que vai ler e qual vai indicar para os colegas. No livro **Nosso folclore**, além de lendas, há também quadrinhas, adivinhas, receitas de comidas típicas, parlendas, cantigas e muito mais! Vale a pena levá-lo para a roda.

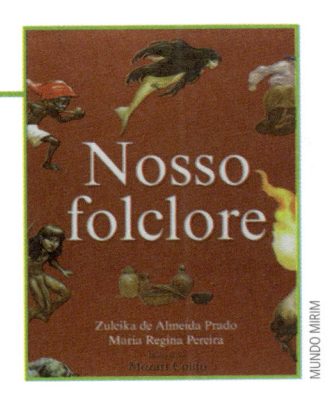

PRODUÇÃO TEXTUAL

O professor vai organizar a turma em duplas para ordenar o texto da lenda **A juruva e o fogo**, que vocês já conhecem.

Em seguida, cada dupla escreverá o final da lenda. Depois de tudo pronto, leve sua produção para casa e leia-a com uma pessoa da sua família. Que tal também ler a lenda para um idoso?

DICA Atenção: as decisões serão tomadas em dupla, mas cada aluno terá sua própria cópia!

1. Destaquem as tiras da página 279 e deixem-nas à disposição.

2. Combinem em que ordem as tiras deverão ser coladas.

3. Mostrem para o professor como organizaram as tiras.

4. Colem as tiras na folha distribuída pelo professor, deixem um espaço para escrever o final da história.

5. Releiam a lenda e planejem com o colega como escreverão o final.

   DICA Decidam se o final do texto será digitado ou manuscrito. Em qualquer das situações, haverá leituras e releituras para o aprimoramento do texto.

6. Leiam o texto produzido para verificar se:
   - o final da história conta como a brasa foi transformada em fogo e qual foi a reação do povo da aldeia;
   - escreveram o título e se há espaço entre as palavras.

7. Mostrem a produção para o professor. Ele poderá dar dicas para deixar o texto ainda mais interessante. Façam as alterações sugeridas, passem a lenda a limpo e ilustrem.

8. Leiam a produção com uma pessoa escolhida. Não deixem de perguntar se ela já conhecia a lenda e quais foram suas impressões sobre a história.

JÁ SEI LER!

1. Existe a lenda do Curupira, um menino com cabelos vermelhos, pele e dentes verdes e pés virados para trás.

• Conte o que você sabe sobre ele.

2. Recite os versos do cordel com os colegas, observando o ritmo e a sonoridade deles.

Curupira

Sigo aqui no meu cordel
Pra falar do Curupira
Um pequeno ser fantástico
Que está sempre na mira
Do terrível caçador
Que na vida é sem amor
E nos bichos sempre atira.

Como é mesmo o Curupira?
Como vou reconhecê-lo?
Ele tem a pele escura
E no corpo muito pelo
É também ágil demais
Pés virados para trás
E vermelho é o seu cabelo.
[...]

César Obeid. **Mitos brasileiros em cordel.**
São Paulo: Salesiana, 2008. p. 5-7.

3. Releia a primeira estrofe e comente com os colegas o sentido da expressão **está sempre na mira**.

4. Numere os versos de cada estrofe de 1 a 7. Depois, pinte a última palavra dos versos conforme a legenda.

■ Versos 2, 4 e 7.   ■ Versos 5 e 6.

• O que as palavras pintadas da mesma cor têm em comum?

5. Sublinhe os versos que descrevem o Curupira, ou seja, que contam como ele é.

EXPRESSÃO ORAL

A turma será dividida em grupos pequenos para pesquisar sobre personagens e animais do folclore brasileiro. Essa pesquisa poderá ser feita na internet, em livros, revistas ou conversando com pessoas mais velhas da família e da comunidade.

As informações serão apresentadas a uma turma de 1º ano da sua escola, assim vocês podem passar adiante o que aprenderam.

1. Cada grupo vai selecionar um personagem ou animal do folclore, buscar e registrar as seguintes informações:
   - Onde vive.
   - Como ele é.
   - Os poderes que ele possui.
   - Que perigo ele oferece.

2. Desenhem em uma folha à parte o personagem pesquisado.

3. Organizem as informações para cada componente do grupo apresentar para a turma do 1º ano.

4. Ensaiem a apresentação, observando: o tom de voz, o ritmo da fala, os gestos, a interação com a plateia.

DICA Fale com clareza e com algumas pausas. Pergunte à turma se todos conseguem ouvir o que você diz e continue falando com confiança.

5. Durante a apresentação final, usem as anotações como apoio, mas evitem ler o que escreveram.

COM QUE LETRA?

▼ **PALAVRAS COM H INICIAL**

1. As lendas fazem parte do folclore, assim como parlendas, quadrinhas, adivinhas, trava-línguas. Leia a quadrinha.

> Tenho **orelhas** pontiagudas,
> Quem me vê se surpreende,
> Sou um **homem** pequenino...
> Quem sou eu? Sou o duende!

Trecho de **Pé de cobra, asa de sapo**: quadrinhas monstruosas.
© Rafael Soares de Oliveira, representado pela AMS Agenciamento Ltda.
São Paulo: Ática, 2012. p. 7.

- Responda.
  a) A quadrinha descreve o duende. Como ele é?
  b) As palavras em destaque começam com o mesmo som?
  c) Elas começam com as mesmas letras?

2. A seguir, leia cada dupla de palavras em voz alta. Depois circule a primeira sílaba de cada uma.

homem	olho 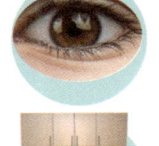
harpa	armário 
hiena	ioiô 
helicóptero	edifício  

- O que você percebeu em relação ao som de cada par de **sílabas** circuladas?

3. Escreva as letras que aparecem depois do **h** inicial nas palavras do exercício anterior.

☐   ☐   ☐   ☐

- O que aconteceria com a pronúncia dessas palavras se fosse retirado o **h**?

_____

_____

4. Pinte da mesma cor os ☐ das palavras da mesma família.

☐ herói   ☐ hospitalar   ☐ humanitário

☐ hospital   ☐ heroico   ☐ hospitalizar

☐ horror   ☐ humanidade   ☐ heroína

☐ humano   ☐ horrível   ☐ horrendo

- Agora copie os trios de palavras que são da mesma família.

_____ ➡ _____ ➡ _____

_____ ➡ _____ ➡ _____

_____ ➡ _____ ➡ _____

_____ ➡ _____ ➡ _____

- Responda.
  O que aconteceu com a letra **h** inicial nas palavras da mesma família?

CAPÍTULO
2 SERES FANTÁSTICOS

- Tem gente que garante que nas matas brasileiras habitam criaturas fantásticas e assustadoras. Você já ouviu falar sobre isso? Conte aos colegas e ao professor.
- Observe a imagem a seguir. Como você imagina a lenda que vai ler: o que será que esse personagem faz?

LEITURA

1. Leia o texto silenciosamente.

Mapinguari, o fedorento

Desde o início dos tempos, os povos da Floresta Amazônica são aterrorizados por um monstro fedorento, comedor de cabeças, conhecido como Mapinguari.

Uma criatura gigante que tem pele de jacaré e coberta por longos pelos vermelhos. Tem um olho no meio da testa e uma boca na vertical que desce até o umbigo. Seus pés são virados para trás e têm garras duras como aço. Também pode aparecer vestindo uma armadura feita de casco de tartaruga.

E o pior é que ele tem um cheiro tão ruim que aquele que se atrever a chegar perto pode ficar tonto e se tornar uma presa fácil. Dizem os mais velhos que ele é o monstro mais fedorento que se tem notícia.

[...]

O Mapinguari só anda pelas florestas durante o dia, à noite ele gosta de dormir. Quando anda pelas matas, vai gritando, derrubando árvores e deixando um rastro de destruição. Dizem que o Mapinguari só foge quando vê um bicho-preguiça.

Regina Claro. **Encontros de história**: do arco-íris à lua, do Brasil à África. Ilustração de Anita Ekman. São Paulo: Hedra Educação, 2014. Não paginado.

2. Responda.

   a) De acordo com a lenda, onde vive o monstro Mapinguari?

   b) Existe semelhança entre o Mapinguari e o Curupira?

   c) Em sua opinião, esses seres existem na realidade?

   d) O que o Mapinguari faz com suas vítimas?

3. Releia.

> Seus pés são virados para trás e têm **garras** duras como aço.

- Leia os sentidos que a palavra em destaque pode ter.

> **Garra sf. 1.** Unha curva e afiada de feras ou aves de rapina. **2.** Vontade de vencer.
>
> Geraldo Mattos. **Dicionário Júnior da Língua Portuguesa**. São Paulo: FTD, 2010. p. 369.

- Com que sentido a palavra **garra** foi usada na lenda? Sublinhe.

4. Releia o trecho que descreve o monstro.

> Uma criatura gigante que tem pele de jacaré e coberta por longos pelos vermelhos. Tem um olho no meio da testa e uma boca na vertical que desce até o umbigo. Seus pés são virados para trás e têm garras duras como aço. Também pode aparecer vestindo uma armadura feita de casco de tartaruga.
>
> Regina Claro. **Encontros de história**: do arco-íris à lua, do Brasil à África. Ilustração de Anita Ekman. São Paulo: Hedra Educação, 2014. Não paginado.

- Qual é a intenção de descrever com detalhes o Mapinguari?

5. O Mapinguari já foi retratado de diferentes formas. Qual destas imagens mais se parece com a descrição do monstro no texto? Marque.

☐   ☐

• Justifique sua resposta.

6. Marque a alternativa adequada.

   a) De acordo com o texto, o Mapinguari é mais ativo:

      ☐ durante o dia.   ☐ durante a noite.

   b) O Mapinguari tem medo:

      ☐ dos caçadores.   ☐ do bicho-preguiça.

• O animal de que o Mapinguari tem medo é perigoso a ponto de assustar um monstro? Leia o **Fique sabendo** e comente com os colegas a que conclusão você chegou.

FIQUE SABENDO

   O nome preguiça tem tudo a ver com esse bicho. Ele é supersossegado. Passa a maior parte do dia dormindo de cabeça para baixo na copa das árvores e se movimenta de um jeito beeeeeem lento. Raramente vai para o chão. [...]

Saiba tudo sobre o bicho-preguiça. **Recreio**. Disponível em: <http://recreio.uol.com.br/noticias/zoo/saiba-tudo-sobre-o-bicho-preguica.phtml#.WR8zl-vyvlU>. Acesso em: 19 jun. 2017.

143

NOSSA LÍNGUA

1. Leia as frases e desenhe.

> O menino tem um livro de monstros.
>
> O guri tem um livro de monstros.

- Você precisou fazer um desenho para cada frase? Por quê?

2. As palavras **menino** e **guri** têm significados semelhantes e foram usadas para designar uma criança do sexo masculino. Junte-se a um colega e escreva outros nomes para representar a fotografia a seguir.

MENINO

3. Os **sinônimos** são palavras que têm significados parecidos e podem ser trocadas sem que o sentido da frase seja alterado. Como as crianças são chamadas na sua região?

4. Leia os versos de um poema. Depois sublinhe as palavras sinônimas. Use uma cor para cada dupla de palavras.

> [...]
> — Que tumulto!
> — Que alvoroço!
> — Está na hora da refeição!
> — Hora do almoço!
>
> Marciano Vasques. **A incrível ciranda dos sinônimos e antônimos**. São Paulo: Cuore, 2013. p. 6.

• As palavras **almoço** e **refeição** são usadas como sinônimos. Mas o sentido delas é exatamente o mesmo? Explique.

5. Sublinhe no trecho a seguir as palavras que têm significados semelhantes e foram usadas para evitar repetição.

> [...]
> Quando nasce filho, todo mundo fica alegre.
> Quando você nasceu — faz um tempão, não é mesmo? — foi uma alegria de dar gosto.
> Eu sei que você não lembra. Afinal, você era muito pequeno naquele tempo e estava mais preocupado com a hora da mamadeira. Mas pode acreditar: todo mundo ficou muito, muito satisfeito.
>
> Pedro Bandeira. **É proibido miar**. 4. ed. São Paulo: Moderna, 2009. p. 5.

• A palavra **alegre** não foi repetida nesse trecho:

☐ para deixar o texto mais curto.

☐ para deixar o texto mais agradável.

DE TEXTO EM TEXTO

1. Leia o título da história a seguir. Ela faz uma pergunta: "Quem tem medo de monstro?".

   a) A quem essa pergunta se destina?

   b) Como você responderia à questão do título?

2. Pela observação das ilustrações, você acha que vai ler uma lenda? Por quê?

3. Acompanhe a leitura do professor e descubra se o que você pensou se confirma.

Imagine que o personagem estava tranquilo em casa fazendo um desenho para dar de presente ao avô. De repente, ouviu um barulho esquisito e, um pouco aflito, resolveu ver o que era.

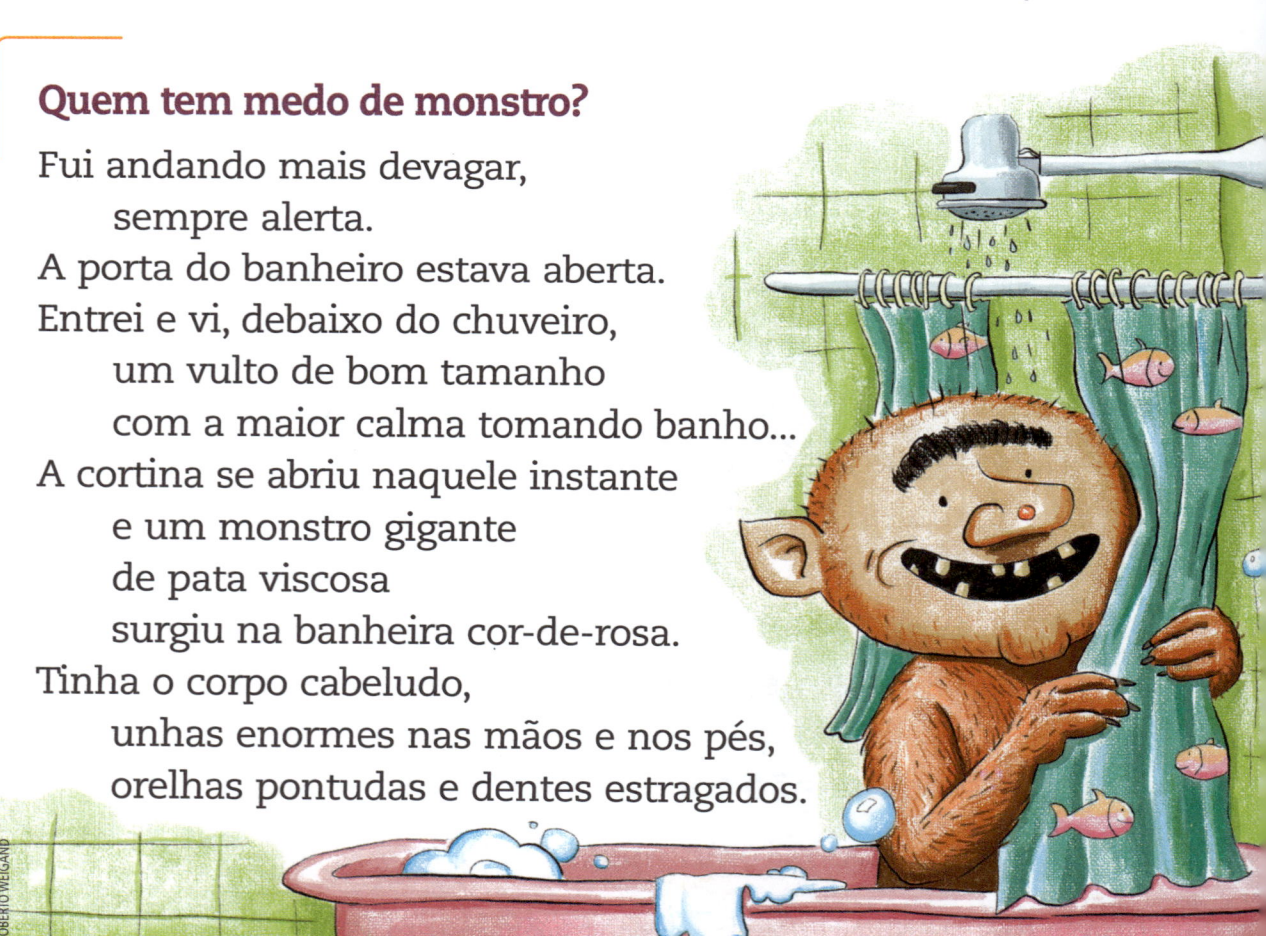

Quem tem medo de monstro?

Fui andando mais devagar,
  sempre alerta.
A porta do banheiro estava aberta.
Entrei e vi, debaixo do chuveiro,
  um vulto de bom tamanho
    com a maior calma tomando banho...
A cortina se abriu naquele instante
  e um monstro gigante
  de pata viscosa
    surgiu na banheira cor-de-rosa.
Tinha o corpo cabeludo,
  unhas enormes nas mãos e nos pés,
  orelhas pontudas e dentes estragados.

[...]
Com voz meio rouca ele disse:
[...]
— Você quer brincar comigo?
Nem esperou que eu dissesse não,
 e já começou a destruição.
[...]
Cada vez mais agitado, completamente enlouquecido,
 derrubou o bule, jogou na sopa o saleiro
 e um pote de geleia inteiro.
Depois agarrou a fruteira
 para continuar a brincadeira.
Arrancou a cortina para servir de chapéu,
 derramou o óleo na mesa e foi aquele escarcéu.
[...]

Na vidraça... outro monstro, que desgraça!
E ele foi logo gritando:
— Oi, abra aí!
[...]
Enquanto eu pensava numa solução,
   os monstros sumiram
   como bolhas de sabão.
Meu avô podia acordar
   eu precisava limpar a sujeira
   espalhada pela cozinha inteira.
Num instante fiz todo o serviço
   e na bagunça dei um sumiço.
Fiquei até meio desconfiado:
   será que tudo aquilo
   eu tinha inventado?

Viscosa: que cola, pegajosa.

Vulto: sombra ou figura que não se consegue distinguir.

Fanny Joly. Tradução de Monica Stahel e Irami B. Silva. **Quem tem medo de monstro?** São Paulo: Scipione, 2010. p. 15-17, 21-22, 24-26 e 28.

Fanny Joly nasceu em 1954 em Paris. Publicou seu primeiro livro em 1984. Desde então foram muitas obras, traduzidas em 14 línguas. Entre essas obras, está a conhecida coleção "Quem tem medo de". Fanny já recebeu mais de trinta prêmios literários. As paredes em volta de sua mesa de trabalho são decoradas com desenhos de pequenos leitores.

4. Responda.

a) O monstro dessa história faz parte do folclore, ou seja, faz parte do imaginário popular? Justifique.

b) O que o menino estava fazendo antes de ouvir um barulho esquisito?

- Como você descobriu essa informação?
- Que outra informação é possível saber lendo a informação que antecede o texto?

c) Onde a história se passa?

5. Sublinhe no conto os trechos que descrevem o monstro.

6. O **narrador** é aquele que conta a história.
No conto lido, quem é o narrador? Marque.

☐ O monstro.   ☐ O avô.   ☐ O menino.

7. O conto **Quem tem medo de monstro?** foi escrito em forma de poema.

- Ele se parece mais com o cordel sobre o Curupira ou com a lenda de Potira? Por quê?

8. Vamos comparar os textos **Quem tem medo de monstro?**, o cordel **Curupira** e a lenda **Potira**. Assinale as características de cada um.

	Potira	Curupira	Quem tem medo de monstro?
É um cordel.			
É uma lenda.			
É em versos.			
O personagem é do folclore.			
A autoria é conhecida.			

9. Releia um trecho do conto.

> Arrancou a cortina para servir de chapéu, derramou o óleo na mesa e foi aquele **escarcéu**.

- Leia os significados da palavra destacada.

> **Escarcéu** substantivo masculino **1** grande vaga ou onda formada por mar revolto; vagalhão **2** Derivação: sentido figurado. Grande alarido ou confusão; alvoroço, gritaria **3** Derivação: sentido figurado. Ato de exagerar, ou levar demasiadamente a sério, coisas sem importância
>
> Antônio Houaiss. **Dicionário Eletrônico Houaiss da Língua Portuguesa.** São Paulo: Objetiva, 2010. CD-ROM.

- Responda.

a) Que palavra poderia substituir **escarcéu** sem alterar o significado da frase?

_____

b) Na sua opinião, por que se optou pela palavra **escarcéu**?

_____
_____

10. O último trecho do conto faz uma pergunta. Releia e responda.

a) A quem é feita essa pergunta? Explique.

_____
_____

b) Você acha que realmente havia monstros ou foi imaginação? Justifique.

_____
_____

c) Havia mesmo uma bagunça na cozinha? Se havia, quem fez?

_____

COM QUE LETRA?

PALAVRAS COM CH, LH OU NH

1. Leia os versos da cantiga e complete o nome desse personagem folclórico.

BI___H___-PAPÃO!
Sai de cima do telhado.
Deixa meu filhinho
Dormir sossegado.

(Folclore.)

- Sem a letra **h**, a palavra em destaque seria a mesma? Por quê?

2. Com seus colegas, leia as duplas de palavras e escreva nos quadrinhos o número de letras de cada palavra.

☐ cama   chama ☐
☐ fila   filha ☐
☐ sono   sonho ☐

a) As palavras de cada dupla têm o mesmo significado? Marque.

☐ sim.   ☐ não.

b) Em cada dupla, que letra faz com que as palavras indiquem coisas diferentes?

3. Acrescente a letra **h** nas palavras em destaque e complete as frases.

a) O **cão** sujou o _____ da cozinha.

b) O **bico** do tucano é enorme. Que _____ lindo!

c) A capa da **mala** é feita de uma _____ resistente.

d) A **vela** iluminou a sala daquela casa _____.

4. Pinte de cor clarinha a letra **h** e a letra que vem imediatamente antes do **h**.

chuteira   pilha   chácara
telhado   milho   amanhã
cozinha   banheiro   riacho

• Agora, organize essas palavras nos três grupos e complete o nome deles.

Palavras com _____	Palavras com _____	Palavras com _____

• Escreva as palavras que o professor ditar, no quadro acima, completando os grupos.

152

VIVA A DIVERSIDADE!

A SABEDORIA DAS PESSOAS MAIS VELHAS

1 Lendas e outras histórias, costumes, tradições podem também ser transmitidos, ao longo dos anos, pelos mais velhos para os mais jovens. Assim, é muito importante ouvir com atenção o que os mais velhos têm para contar e ensinar. Eles acumularam uma vasta experiência em seus anos de vida.

- Responda.

  De que forma é possível praticar o respeito, a amizade e a solidariedade com as pessoas mais velhas da família e da comunidade?

2 Você sabia que existe um documento chamado **Estatuto do Idoso**? Esse documento garante direitos às pessoas com idade igual ou superior a 60 anos e institui penas a quem desrespeitar esses direitos. Garante, também, alguns benefícios, como: descontos em ingressos para eventos artísticos, culturais, esportivos e de lazer, bem como o acesso preferencial aos respectivos locais.

- Combine com o professor e os colegas um dia para irem à sala de informática pesquisar o **Estatuto do Idoso** e montar um mural ilustrado, fora da sala de aula, para valorizar os direitos e a sabedoria dos mais velhos.

UNIDADE 6

ANÚNCIOS POR TODA PARTE

1. O que você observa nas imagens?
2. No caminho da sua casa até a escola, você vê imagens como essas?
3. Em que lugares esses materiais estão expostos?
4. Agora, escreva e desenhe no cartaz vazio na próxima página.

SE VOCÊ TEM BRINQUEDOS QUE NÃO USA MAIS DOE

www.hospitalsantaclara.com.br

Instituição Beneficiada:

POSTOS DE COLETA:
Espaço Saúde no Parque do Sabiá
Santa Clara Imagem
Coleta até 17/12

Hospital SantaClara
Cuida Bem de Você

TODA CAIXINHA VAZIA CONTÉM UMA TELHA INTEIRINHA

SEPARE O LIXO E ACERTE NA LATA

GOVERNO FEDERAL BRASIL

NESTA UNIDADE VOCÊ VAI:
- Ler alguns anúncios e conhecer características desses textos.
- Perceber que anúncios podem ter objetivos de publicação diferentes.
- Elaborar um cartaz com um anúncio que divulgue a importância da saúde bucal.

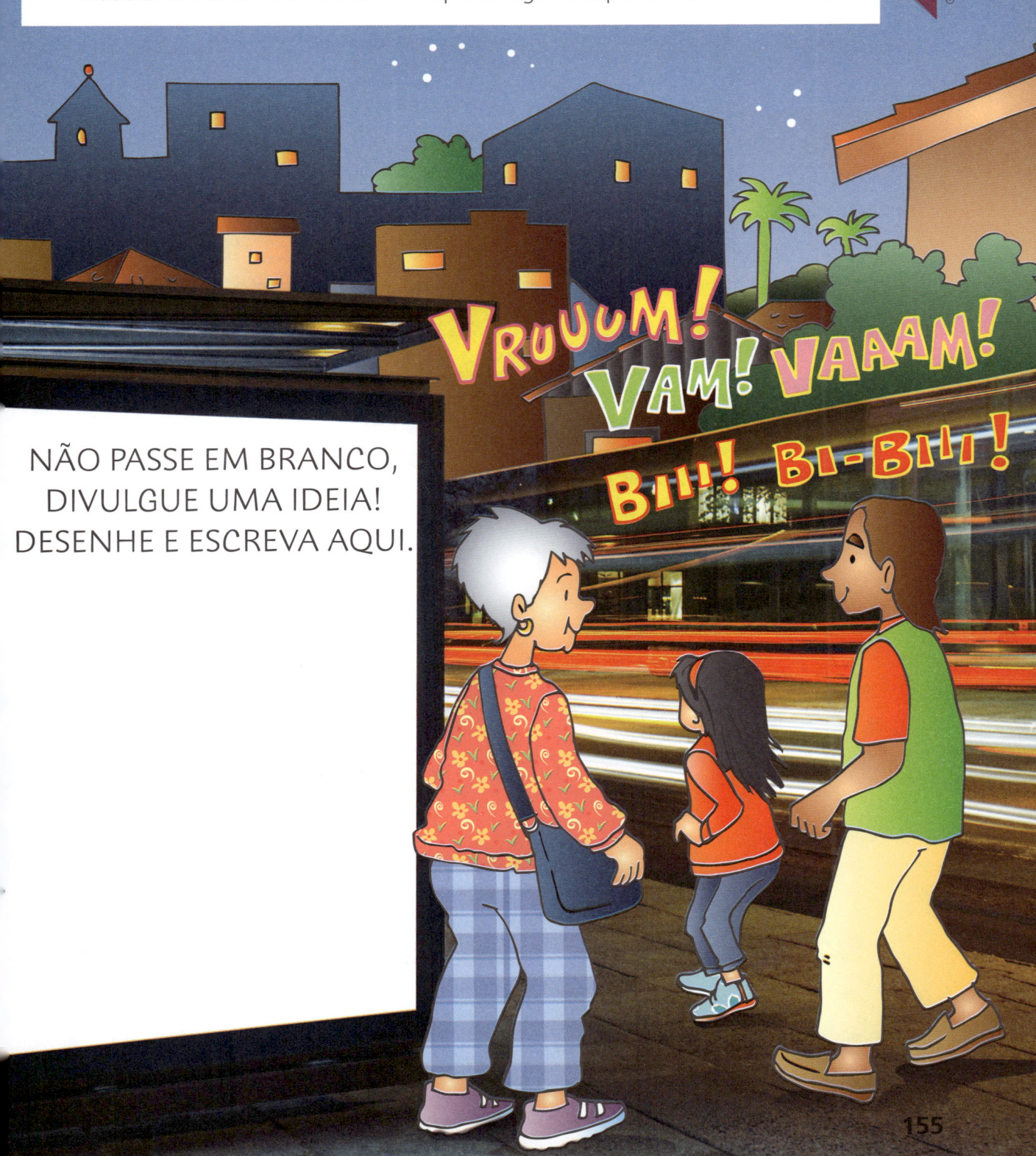

NÃO PASSE EM BRANCO, DIVULGUE UMA IDEIA! DESENHE E ESCREVA AQUI.

VRUUUM! VAM! VAAAM! BIII! BI-BIII!

CAPÍTULO 1
ANUNCIANDO IDEIAS

- Você escova os dentes todos os dias?
- Que outros cuidados você tem com a higiene bucal?
- Você já leu algum cartaz sobre higiene bucal? Como era esse cartaz?
- Onde estavam expostos os cartazes que você leu?

LEITURA

1. Um consultório de dentista divulgou um cartaz com um anúncio que alertava as pessoas sobre a importância de escovar os dentes para a manutenção da saúde bucal. Leia.

EM BOCA LIMPA, NÃO ENTRA CÁRIE.

Dia Mundial da Saúde Bucal 20 de Março

Odontologia Pediátrica

Cárie: buraquinho que se forma no dente, provocado por bactérias de restos de alimentos.

2. Responda.

a) Em que material o anúncio sobre saúde bucal foi publicado?

b) O que chamou a sua atenção primeiro nesse anúncio: as imagens ou o texto escrito?

c) Qual é a relação das imagens com o texto escrito nesse anúncio do cartaz?

3. Os anúncios geralmente destacam uma frase curta e chamativa, para prender a atenção do leitor. No cartaz, qual é essa frase?

_____

_____

4. Responda.

Essa frase lembra um ditado popular, uma expressão usada para transmitir um ensinamento. Você saberia dizer qual é?

_____

_____

- Marque a alternativa adequada.

    Esse ditado popular passa a ideia de que:

    ☐ a mosca aproveita uma oportunidade para entrar na boca das pessoas.

    ☐ sua opinião deve ser dita sempre.

    ☐ em algumas situações, é melhor manter o silêncio e não falar nada.

5. Responda.

- Por que "Em boca limpa, não entra cárie"?

6. Que ideia as imagens menores do cartaz passam para o leitor?

☐ Comida, escova de dente e fio dental significam pessoa feliz.

☐ Alimentação saudável, escovação frequente e uso do fio dental levam a pessoa a ter dentes limpos e sadios.

7. Esse anúncio é dirigido preferencialmente a que público? Assinale a opção adequada.

a) ☐ Infantil.   **b)** ☐ Adulto.   **c)** ☐ Infantil e adulto.

8. Circule no cartaz o texto que informa quem é o anunciante.

9. Leia o verbete a seguir.

> **Pediatria** sf. Parte da Medicina que se ocupa com as doenças de criança. > **Pediátrico** am. **Pe.di.a.tri.a**
>
> Geraldo Mattos. **Dicionário Júnior da língua portuguesa**. São Paulo: FTD, 2010. p. 556.

- Responda.

  O que você entendeu por **odontologia pediátrica**?

  _____
  _____
  _____

NOSSA LÍNGUA

1. A partir dos 6 anos de idade, em geral, a criança começa a troca dos dentes. Ficar com **janelinha** é tão normal quanto dar um sorriso de felicidade.

a) Conte aos colegas e ao professor do que você se lembra do dia em que caiu seu primeiro dente.

b) Você ficou com vergonha da sua **janelinha**? Por quê?

2. No trecho do conto a seguir, o dente da personagem principal caiu. Será que ela ficou com vergonha? Leia e descubra.

Papo furado

O dente da Ana estava mole — nheco, nheco — pra lá e pra cá. Mas como era um dente muito teimoso, não tinha jeito de cair. Nem amarrando linha, prendendo na porta e batendo com toda a força — BUM! — o danado se arrancava! Nem assim!

O dente caiu quando ele bem quis, logo no primeiro dia de aula, quando Aninha comia uma bala puxa-puxa. Puxa vida! E era justo o dente da frente!

Daí todo mundo entrou na classe e a Professora chamou assim:

— Ana! Quem é a Ana?

Só quando viu a turma inteira de olhão pregado nela, Aninha espichou a mão e fez:

— UUMMM — de boca fechada para ninguém ver a banguela.

[...]

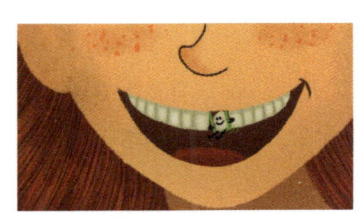

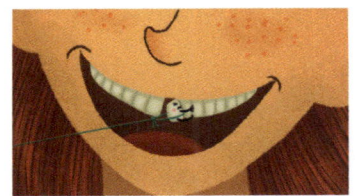

Stella Carr. **As confusões de Aninha**. São Paulo: Moderna, 1985. p. 29.

Bala puxa-puxa: puxa-puxa; bala de consistência grudenta, elástica.

• **Responda.**

Por que Aninha não queria que ninguém a visse sem um dente?

3. Você já leu um anúncio e um conto sobre o mesmo assunto, os dentes. Para você, o anúncio e o conto foram criados com o mesmo objetivo?

4. Releia o trecho do conto **Papo furado** e pinte com uma cor clarinha os sinais de pontuação.

- Observe os sinais . , ? e ! . Você sabe como é chamado cada um deles?

_____

_____

_____

5. Leia as frases e circule a diferença entre elas.

a) Um dente muito teimoso queria cair.

b) Um dente muito teimoso não queria cair.

- Sublinhe as frases usando lápis de cor de acordo com a legenda:

  🟩 Frase afirmativa.

  🟦 Frase negativa.

6. Escreva o nome do sinal de pontuação usado no final das frases afirmativas e negativas.

_____. Desenhe: ☐

⌐ O **ponto final** . é usado, na escrita,
no final das frases afirmativas e negativas. ⌐

7. Você já fez uma prova na escola? Como foi?

• Leia um cartaz anunciando a Prova Brasil e converse sobre ele com seus colegas.

Secretaria Municipal de Educação de Barra do Choça. Disponível em: <http://semedbc.com.br/wp-content/uploads/2013/09/CARTAZ-PROVA-BRASIL2.jpg>. Acesso em: 14 jun. 2017.

a) Na imagem do cartaz, a expressão dos personagens passa a ideia de que eles estão:

☐ felizes.

☐ decepcionados.

☐ bravos.

b) Ao lado da ilustração dos personagens, é usado um balão branco com texto. O que ele indica?

☐ Um pensamento.

☐ Uma fala.

☐ Um título.

8. Sublinhe de amarelo a frase do anúncio que está perguntando, interrogando sobre alguma coisa.

• Responda.

Como se chama o ponto que aparece ao final da pergunta?

_____. Desenhe: ☐

> O **ponto de interrogação** ? é usado na escrita para indicar uma frase interrogativa, uma pergunta.

9. No cartaz, sublinhe de vermelho a frase exclamativa, que expressa o entusiasmo da menina.

• Responda.

Como se chama o ponto que aparece no final da frase exclamativa?

_____. Desenhe: ☐

10. Relacione as situações e as frases exclamativas dos personagens às emoções que elas expressam.

- COMO VOCÊ ESTÁ SUADO!
- OBA! GANHEI UM JOGO!
- SAIA JÁ DAQUI!
- NOSSA! QUE ESCURIDÃO!

medo

alegria

espanto

braveza

- Marque a alternativa adequada.

Nos balões de fala, o ponto de exclamação foi importante para:

☐ indicar a fala dos personagens.

☐ indicar que as falas transmitem emoções.

☐ indicar as falas que são perguntas.

> O **ponto de exclamação** **!** é usado na escrita para indicar frases que expressam alegria, medo, admiração, espanto, raiva e muitas outras emoções.

11. Releia o trecho do conto **Papo furado**, página 159, e circule as frases exclamativas.

EXPRESSÃO ORAL

Você sabe que cuidados são importantes para manter as gengivas e os dentes sadios?

O professor vai combinar um encontro da turma com um agente de saúde. Nessa ocasião, vocês o entrevistarão para esclarecer essas e outras dúvidas.

1. Elaborem as perguntas sobre saúde bucal para a entrevista. Criem questões pensando em alguns assuntos:
   - A frequência da limpeza bucal.
   - A escovação e o uso do fio dental.
   - Visitas ao dentista.

2. O professor vai anotar as perguntas e combinar quem ficará encarregado de fazer cada uma delas e, também, a ordem em que serão feitas.

   DICA Gravem a entrevista, se possível, para ouvirem depois e recuperarem as informações mais importantes dessa conversa.

3. Durante a entrevista, é importante:
   - Ouvir o convidado com atenção, sem interrompê-lo.
   - Levantar a mão no momento de fazer a sua pergunta.
   - Falar em tom de voz adequado para que todos possam ouvi-lo.
   - Ouvir as perguntas dos colegas para não repetir questões.
   - Pedir mais explicações sobre o assunto sempre que tiver dúvidas.
   - Demonstrar respeito para com o entrevistado, chamando-o de **senhor** ou **senhora**.

DICA Não deixem de esclarecer os objetivos da entrevista, pedir autorização para gravar e respeitar a opinião do convidado.

MAIS SOBRE... ANÚNCIO

1. Muitos cartazes trazem anúncios de campanhas para alertar as pessoas sobre o *Aedes aegypti*. Esse mosquito transmite doenças como **dengue, zika** e **chikungunya**.

- Observe os cartazes a seguir. Eles foram afixados em locais com muito movimento de pedestres de todas as idades.

A

DIA DE COMBATE A DENGUE
TODOS SOMOS RESPONSÁVEIS
FAÇA A SUA PARTE!

Secretaria Municipal de Saúde

Prefeitura Municipal NOVO GAMA 2013-2016
RUMO AO DESENVOLVIMENTO
novogama.go.gov.br

PREFEITURA MUNICIPAL NOVO GAMA/SECRETARIA MUNICIPAL DE SAÚDE

B

a) Que cartaz é mais fácil de ler pelas pessoas em movimento?

☐ Cartaz A.

☐ Cartaz B.

• Marque o que torna fácil a leitura do cartaz escolhido.

☐ Letras grandes. ☐ Muito texto.

☐ Imagem e texto dialogam. ☐ Vários detalhes.

☐ Imagem chamativa. ☐ Poucos detalhes.

b) Que cartaz informa com mais detalhes o que é preciso fazer para eliminar o mosquito *Aedes aegypti*? Por quê?

DE CARONA COM O TEXTO

1. Você estudou a importância das imagens nos anúncios veiculados em cartazes.

- Agora, você vai ilustrar seu cartaz para a campanha **Quem ama cuida!**, um alerta para a importância de vacinar os animais contra a **raiva**. Leia o texto do anúncio e crie um desenho que se relacione com ele.

NÃO DEIXE SEU MELHOR AMIGO COM RAIVA.

LEVE SEU BICHINHO DE ESTIMAÇÃO PARA SER VACINADO!

QUEM AMA CUIDA!

COM QUE LETRA?

▼ PALAVRAS COM C OU Ç

1. O anúncio a seguir, divulgado em cartaz, faz parte de uma campanha. Leia.

> **CAMPANHA DOAÇÃO DE RAÇÃO**
>
> Uma atitude de carinho para ajudar um focinho
>
> ❖ ENTREGA DOAÇÕES
> CRECHE 4 PATINHAS
> R. Indaial, 99 - Victor Konder
> Blumenau/SC
>
> Doe 1 quilo de ração para um animal cãorente
>
> REALIZAÇÃO APOIO

SUELI AMARAL/HACHI ONG

• Responda.

a) Qual a finalidade desse anúncio?

b) Nesse anúncio, há uma brincadeira em uma das palavras. Qual é a brincadeira?

c) O que significa a palavra **carente**?

d) Do que você acha que esse animal é carente?

2. Escreva o nome dessa campanha.

> O sinal que aparece embaixo da letra **c** é chamado **cedilha** ̧ .

3. Leiam as frases a seguir, que poderiam estar em um anúncio. Prestem atenção às palavras em destaque.

Vejam essas promoções **loucas**!

Vejam essas promoções de **louças**!

- Respondam.

    Qual o nome do sinal gráfico que mudou o som da última sílaba e fez com que as palavras indicassem coisas diferentes?

    _____

4. O uso desse sinal modificou:

☐ apenas a pronúncia da palavra.

☐ apenas o sentido da palavra.

☐ a pronúncia e o sentido da palavra.

5. Todas as palavras do quadro a seguir têm cedilha. Leia.

criança	maçã	poço	moça
açaí	cabeça	açude	coração

- Observando o uso da cedilha nessas palavras, pode-se afirmar que:

☐ algumas palavras começam com a letra **c** com cedilha.

☐ nenhuma palavra começa com a letra **c** com cedilha.

6. Complete com uma das palavras do quadro a frase a seguir.

roca ➡ roça

Filho, por favor, ajude a regar a _____.

PRODUÇÃO TEXTUAL

A turma será dividida em duplas para promover uma campanha: **Alertar as pessoas para a importância da higiene bucal**.

Para isso, elaborem um anúncio em forma de cartaz e exponham em locais de grande circulação na escola e na comunidade.

1 Levem em conta as pessoas que vão ler o cartaz para que a mensagem comunique a ideia que desejam transmitir.

DICA No trabalho em dupla é preciso chegar a um acordo em conjunto sobre como produzir cada etapa do cartaz.

2 Imaginem e escrevam frases curtas para serem lidas rapidamente, a distância, e que chamem a atenção desses leitores.

DICA Usem palavras como **escove**, **use**, **limpe**, **enxágue**, pois elas orientam e instruem as pessoas a manter bons hábitos de higiene bucal.

3 A ilustração também contribui para comunicar a informação. Ela deve ter relação com o texto escrito e chamar a atenção do leitor para o anúncio.

4 Façam um rascunho antes de produzir a versão final do cartaz. Neste momento, não há necessidade de detalhar a ilustração.

Verifiquem se:

- A frase principal é curta para agilizar a comunicação.
- Os sinais de pontuação são adequados às frases e passam a emoção desejada.
- Há dúvida na grafia de alguma palavra. Nesse caso, consultem o dicionário com a ajuda do professor.

5 Mostrem o rascunho para o professor e contem como vocês planejam fazer a ilustração. Ouçam as sugestões para que o trabalho fique ainda melhor.

DICA É importante que o texto escrito seja breve e que as ilustrações estejam de acordo com ele.

6 Combinem quem vai escrever o cartaz e quem vai ilustrá-lo. Tentem compartilhar essas tarefas.

DICA Escolham o tamanho e o tipo de letra para facilitar a leitura a distância.

GLAIR ARRUDA

7 Exponham o cartaz em local de grande circulação da sua escola e da sua comunidade.

HORA DE AVALIAR

✔ Uma campanha como essa é importante? Por quê?

✔ Na opinião de vocês, qual é a importância de fazer um rascunho antes de produzir a versão final do cartaz?

✔ Você acha que a campanha elaborada pela turma vai alcançar o objetivo pretendido? Por quê?

CAPÍTULO

2 ANUNCIANDO PRODUTOS

- Na sua opinião, a água e as frutas são importantes para o bem-estar das pessoas? Por quê?
- Você já comeu melancia? Gostou? Você gosta de beber água?
- Você acredita que a melancia é composta de muita água?
- Seria uma boa ideia usar a imagem de uma melancia em um anúncio de água mineral? Por quê?

LEITURA

1. Leia o anúncio.

SEM ÁGUA NÃO TEM VIDA
SUA SEDE MERECE DUPOTE.

AGÊNCIA DANZA - ESTRATÉGIA E COMUNICAÇÃO LTDA.

2. Responda.

a) Você consegue identificar o que é anunciado na imagem?

b) O que aparece no primeiro plano da imagem, ou seja, o que parece estar mais perto de quem observa o anúncio?

c) Marque todos os materiais em que esse anúncio poderia aparecer.

☐ Revistas, jornais, *sites* da internet para o público em geral.

☐ Cartazes na parede para o público em geral.

☐ Revistas em quadrinhos destinadas ao público infantil.

☐ Cartazes sobre cuidados com a saúde e a alimentação.

3. Marque as alternativas adequadas.
- O objetivo principal desse anúncio é:

☐ alertar para a importância da água.

☐ divulgar uma marca de água mineral.

☐ evidenciar que a melancia tem muitas sementes.

4. Circule a frase principal do anúncio.
- O que você entendeu dessa frase?

_____

5. Agora que você já conhece melhor o anúncio, responda:
- Para você, por que a melancia foi escolhida para anunciar a marca de água mineral?

_____

_____

173

NOSSA LÍNGUA

1. O anúncio ao lado, em forma de cartaz, faz parte de uma campanha publicitária. Um bom anúncio causa impacto visual e possibilita agilidade na leitura. Leia.

> Abra e feche,
> Abra e feche,
> Abra e feche,
> Abra e feche...
>
> A RESPONSABILIDADE É SUA!
>
> Pelo uso consciente da água. APOIE ESSA IDEIA.
> Felicittà

- **Responda.**

   a) Qual é o objetivo dessa campanha publicitária? Essa é uma campanha importante? Por quê?

   b) Existe relação entre a cor predominante no anúncio e o tema? Qual?

   c) Existe relação entre a imagem do porquinho e a mensagem da campanha?

   d) De acordo com o anúncio, de quem é a responsabilidade de economizar água?

2. Marque a alternativa adequada.

   • As palavras **abra** e **feche** têm sentido:

   ☐ semelhante.   ☐ contrário.

> Uma palavra que significa o oposto de outra é chamada de **antônimo**: **abrir** é o antônimo de **fechar**.

3. Qual é a intenção ao repetir essas palavras no anúncio? Marque.

☐ Alertar os consumidores para abrir a torneira e fechar imediatamente após o uso.

☐ Dizer que é possível brincar de abrir e fechar a torneira.

4. Copie o texto, substituindo as palavras destacadas pelo seu antônimo. Depois, marque o texto que combina com a ilustração.

DICA O professor vai falar algumas palavras. Quem da turma souber um antônimo para essa palavra levanta a mão e fala.

☐ Hoje estou muito **triste**. É meu aniversário e ganhei **poucos** presentes. O **pior** deles estava num pacote **pequeno**, **feio** e enfeitado com uma fita **estreita**. Eu o desembrulhei **devagar**. Sabe o que era? Uma lanterna!

☐

JÁ SEI LER!

1. O poema a seguir fala de coisas simples, que não precisam ser compradas e que deixam a gente feliz.

- Faça a leitura silenciosa e depois leia em voz alta com a turma.

> Um passarinho no ninho
> Ver um cavalo-marinho
> [...]
> Andar de roda-gigante
> Desenhar um elefante
> [...]
> Uma pipa voando no ar
> Alguém para abraçar

Ruth Rocha. **Novas duas dúzias de coisinhas à toa que deixam a gente feliz**: à moda de Otavio Roth. São Paulo: Salamandra, 2016. p. 5-6; 11-12; 14-15; 18-19.

2. Sublinhe as palavras que rimam.

- Que efeito as rimas causam no poema?

3. Cole os adesivos da página 290 na ordem que preferir. Depois, escreva os nomes das figuras.

| COLE AQUI | COLE AQUI | COLE AQUI |

- Encontre no poema os nomes das figuras que você escreveu e circule-os. Se necessário, faça alterações na sua escrita.

4. Frutas são produtos que fazem bem à saúde e que nem precisam de anúncios. Você conhece as frutas a seguir?

a) Observe as imagens e identifique a que fruta pertence cada semente. Depois, escreva o nome de cada fruta.

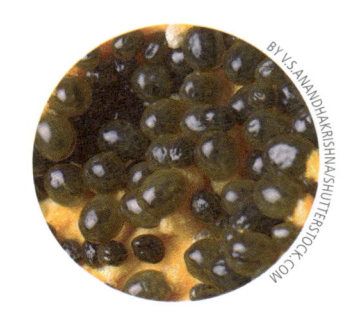

_____ _____ _____

_____ _____ _____

b) O professor vai listar o nome das frutas na lousa. Compare com o que você escreveu e, se necessário, faça alterações.

5. Escreva uma frase de acordo com a cena. Lembre que sua frase deve começar com letra inicial maiúscula e terminar com ponto final .

_____

_____

_____

VIVA A DIVERSIDADE!

▼ CONSUMO CONSCIENTE

No dia a dia as pessoas são constantemente expostas a uma diversidade de anúncios, que têm o objetivo de convencê-las a consumir produtos ou serviços. Muitos desses anúncios são criados especialmente para atrair a atenção do público infantil.

1 Observe a imagem a seguir.

- **Responda.**
    a) Ao assistir a seus programas favoritos, você vê muitos anúncios comerciais?
    b) Você já comprou alguma coisa estimulado por anúncios da televisão? O quê?
    c) Na sua opinião, há anúncios apenas de bons produtos?

2 Que tipo de recurso os anúncios costumam utilizar para chamar a atenção das crianças? Marque.

- [ ] Trilhas sonoras de músicas infantis.
- [ ] Personagens de desenhos animados.
- [ ] Apresentadores infantis.
- [ ] Promoção com distribuição de prêmios ou brindes colecionáveis.
- [ ] Imagens, sons, cores.

DICA É importante conviver com os anúncios de forma consciente para avaliar o que vamos consumir.

3 A publicidade infantil tem regras, que estão previstas na Constituição, no Estatuto da Criança e do Adolescente e no Código de Defesa do Consumidor. O professor vai combinar uma data para irem à sala de informática para pesquisarem essas regras. Depois da pesquisa, discuta com os colegas a importância delas e fique alerta a propagandas que as desrespeitem.

#FICA A DICA

Alvinho e os presentes de Natal. Ruth Rocha. Moderna.

Que tal escolher um autor como tema da **Roda de Leitura**? Ruth Rocha seria uma boa opção, não acha?

O livro **Alvinho e os presentes de Natal** conta a história de Alvinho, um menino curioso e que gosta de colecionar coisas. Ele é capaz de tudo para conseguir o que quer! Na época do Natal, ele não se cansa de escrever e deixar sua lista de presentes cada vez maior, ela fica interminável! Será que alguma coisa conseguiria fazer Alvinho mudar de ideia? Talvez só um pesadelo de arrepiar os cabelos! Leia este livro e conheça a história completa.

UNIDADE 7
ERA UMA VEZ...

1. Que contos você reconhece na cena?

2. Desses contos, qual é o seu preferido? Por quê?

3. Na cena, alguns elementos estão escondidos. Localize-os e ligue a seus respectivos personagens.

NESTA UNIDADE VOCÊ VAI:

- Ler contos maravilhosos e conhecer um pouco suas características.
- Perceber que o encantamento dessas histórias pode estar não só no que se conta, mas também na maneira de contar.
- Reescrever um dos contos lidos.

CAPÍTULO

1 NA MAGIA DO CONTO

- Você se lembra de alguma história que comece com a expressão **Era uma vez**? Qual é essa história?
- Você se lembra de algum conto em que aparecem personagens como fadas, princesas, cavalos, lobos?
- O que você sentiu ao ouvir alguma dessas histórias?

LEITURA

1. Leia só o título do conto e observe as ilustrações. O que você acha que vai acontecer nesse conto?

- Agora, leia o conto para ver se o que você pensou se confirma. Se tiver dúvida no significado de alguma palavra, não interrompa a leitura; você pode compreender o que ela quer dizer ao longo da história.

O mingau doce

Era uma vez uma pobre menina, mas de bom coração. Ela vivia na companhia da mãe em um casebre. A pobreza era tanta que elas já não tinham mais nada nas prateleiras para comer.

A menina foi então até a floresta procurar amoras, morangos, groselhas ou alguma outra fruta silvestre que pudesse colher e levar para casa.

Lá chegando, encontrou uma velha bem velhinha que sabia do desamparo que a filha e mãe viviam. Com pena delas, deu à menina uma panelinha para a qual bastava dizer: "Cozinhe, panelinha!" e ela fazia um mingau docinho e gostoso. Bastava dizer: "Pare, panelinha!" e, na mesma hora, ela parava de cozinhar.

A menina voltou para casa pulando de alegria. Desde aquele dia ela e sua mãe nunca mais passaram fome, nem por um dia, porque podiam comer mingau à vontade sempre que quisessem.

Um dia a menina precisou sair e a mãe disse: "Cozinhe, panelinha" e comeu mingau até não poder mais. Só que ela não sabia a palavra mágica que fazia a panela parar. O mingau foi aumentando, transbordou pelas bordas, escorreu pelo chão e continuou subindo até chegar ao teto da cozinha, encheu a casa toda, saiu pelas janelas, invadiu a casa do vizinho, e a do outro, e as casas de toda a vizinhança, e se espalhou pelas ruas como se quisesse ir matando a fome do mundo inteiro. Foi um tremendo falatório e as pessoas punham a mão na cabeça, ninguém mais sabia o que fazer com tanto mingau pela cidade.

ILUSTRAÇÕES: SIMONE ZIASCH

A menina voltou bem na hora em que o mingau chegava à última casa. Rapidamente, a menina chegou bem pertinho da panelinha e disse: "Pare, panelinha!", e ela parou de cozinhar. Que grande alívio! Mas, durante vários dias, quem quisesse ir ao centro da cidade tinha que abrir caminho comendo mingau.

De Jacob e Wilhelm Grimm. Tradução e adaptação de Claudio Fragata.

Casebre: casa pequena, pobre e humilde.
Desamparo: falta de proteção; abandono.

Jacob Grimm e **Wilhelm Grimm** eram irmãos e nasceram na Alemanha. Jacob nasceu em 4 de janeiro de 1785, catorze meses antes de Wilhelm, que nasceu em 24 de março de 1786. Foram autores de diversos contos infantis, como **Chapeuzinho Vermelho**, **João e Maria**, **A Bela Adormecida** e **O Pequeno Polegar**.

2. Responda.

a) O conto **O mingau doce** é uma história contemporânea (recente) ou foi criada há muitos anos? Como você descobriu?

b) Quem são os personagens dessa história?

c) Por que a velha senhora resolveu ajudar a menina?

d) E de que forma ela fez isso?

e) Na sua opinião, esse conto teve um final feliz? Por quê?

f) Você acha que essa história poderia acontecer na vida real? Por quê?

3. Escreva no balão o que era preciso dizer para a panelinha começar a cozinhar.

4. Marque a alternativa correta.

- Na sua opinião, a velha senhora que a menina encontrou era:

  ☐ uma fada.

  ☐ uma bruxa.

  ☐ a avó da menina.

5. Qual foi o problema inicial do conto? Sublinhe.

   a) A velha senhora ter dado uma panela à menina.

   b) Mãe e filha estarem passando fome.

   c) A mãe da menina conseguir fazer a panelinha parar de cozinhar.

6. Releia um trecho do conto, observando a palavra em destaque.

> Era uma vez uma pobre menina, mas de bom coração. **Ela** vivia na companhia da mãe em um casebre.

- Discuta a questão a seguir com os colegas. Depois ajude a escrever a conclusão da turma.

   A quem se refere a palavra em destaque?

   _____

7. O professor vai reler o trecho anterior do conto substituindo a palavra em destaque pelas palavras a que ela se refere.

- Agora marque as alternativas adequadas.

A palavra destacada:

☐ evitou a repetição desnecessária de palavras.

☐ tornou a leitura do conto mais cansativa.

☐ deixou a leitura do conto mais agradável.

8. Releia mais um trecho do conto.

> Um dia a menina precisou sair e a mãe disse: "Cozinhe, panelinha!" e comeu mingau até não poder mais.

- Nesse trecho, aparece uma expressão que marca a passagem de tempo na história. Qual é essa expressão? Sublinhe.

DE CARONA COM O TEXTO

1. Imagine que a panela vai preparar um alimento de que você gosta muito.

Desenhe esse alimento e escreva o nome dele.

2. Agora imagine que a panela vai cozinhar alimentos que rimam com as palavras mágicas a seguir:

Papalalão, papalalão
cozinhe _____!
Papalalada, papalalada
cozinhe _____!
Papalalinha, papalalinha
cozinhe _____!

MAIS SOBRE... CONTO MARAVILHOSO

1. Os contos maravilhosos geralmente começam assim:

"Era uma vez..."   "Há muito tempo..."

"Há muitos anos..."

- Esse modo de iniciar o conto passa a ideia de que a história aconteceu:

☐ em um tempo recente.   ☐ em um tempo muito antigo.

2. Nos contos maravilhosos podem aparecer objetos mágicos.

- Desenhe o objeto mágico que aparece no conto **O mingau doce**.

3. Discuta a questão a seguir com os colegas. Ajude a registrar na lousa a conclusão da turma.

No conto maravilhoso, o objeto mágico ajuda o personagem principal a superar alguma dificuldade.

- Isso acontece no conto **O mingau doce**?

_____
_____
_____

4. Observe os livros da biblioteca da classe, da escola ou os livros que tem em casa. Faça uma lista de personagens que costumam aparecer em contos maravilhosos.

#FICA A DICA

Meus contos de fadas preferidos. Tony Ross. Martins Fontes. Essa obra apresenta sete contos clássicos, recontados e ilustrados por Tony Ross, combinando humor e criatividade.

Se este livro fizer parte do acervo da biblioteca, poderá ser lido e apreciado por você e seus colegas.

JÁ SEI LER!

1. Leia o título do texto a seguir e responda.

a) Ele traz alguma lembrança a você?

b) Você acha que vai ler um conto? Por quê?

- Faça a leitura silenciosa do texto para saber se o que você pensou se confirma. Depois, leia-o em voz alta com seus colegas.

Era uma vez...

[...]

Era uma vez o porco Tonico,
Que escovava os dentes
E usava penico.

[...]

Era uma vez o sapo Jaquito,
Que usava óculos
Para poder enxergar mosquito.

[...]

Era uma vez a minhoca Maria João
Que se apaixonou
Por um macarrão.

[...]

Era uma vez a girafa Jamanta,
Que tomou pastilha
para dor de garganta.

[...]

Nani. **Era uma vez a vaca Vitória, que caiu no buraco e acabou a história**. São Paulo: Melhoramentos, 2012. p. 11, 13, 15 e 18.

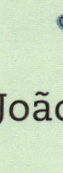

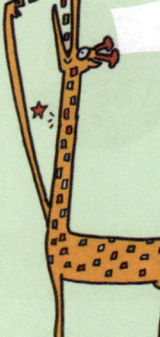

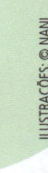

2. Responda.

- No texto **Era uma vez...** os versos começam dando a ideia de que vai ser contada uma história longa, com detalhes sobre o ambiente, os personagens e as situações vividas. Na verdade, é isso o que acontece?

3. Escreva os nomes dos personagens do poema.

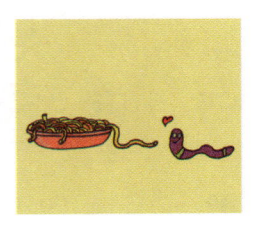

- Você escreveu esses nomes com letra inicial maiúscula ou minúscula?

4. Sublinhe no poema as palavras que rimam. Use cores diferentes para cada estrofe.

5. O poema **Era uma vez...** lembra uma parlenda. Você sabe qual parlenda é essa? Escreva.

NOSSA LÍNGUA

1. É comum que a primeira frase de um texto se inicie afastada da margem e que esse espaço apareça outras vezes ao longo do texto. Observe.

> Esses espaços ajudam a organizar os textos em partes. Cada uma dessas partes é chamada de **parágrafo**.

2. Volte ao conto **O mingau doce** e pinte os espaços que marcam o início dos parágrafos.

a) Quantos parágrafos tem o conto que você leu?

_____

b) Que tipo de letra inicia cada parágrafo do conto que você leu?

_____

192

3. Você conhece o conto **Chapeuzinho Vermelho**? Leia o trecho em que Chapeuzinho Vermelho chega à casa da avó e bate à porta.

> [...]
> Chapeuzinho Vermelho bateu à porta.
> O lobo disfarçou a voz para fingir que era a avó e perguntou:
> — Quem está aí?
> [...]
> A menina respondeu:
> — É Chapeuzinho Vermelho, sua neta. Eu trouxe um lanche que a mamãe mandou.
> O lobo, segurando-se para não rir, repetiu as palavras da avó:
> — Entre, querida! A porta está aberta.
> [...]
>
> Dulcy Grisolia. **Chapeuzinho Vermelho**. São Paulo: FTD, 2000. p. 18-19.

- Pinte de cor clarinha os espaços que marcam o início dos parágrafos.

- Responda.

   a) Os parágrafos começam na mesma direção?

   _____

   b) Quantos parágrafos tem esse trecho do conto **Chapeuzinho Vermelho**?

   _____

   c) As letras que iniciam os parágrafos são maiúsculas ou minúsculas?

   _____

4. Você já sabe que as histórias são contadas por um **narrador** e que é ele quem apresenta os personagens e os acontecimentos.

  a) Sublinhe no trecho do conto Chapeuzinho Vermelho os parágrafos que se referem à fala do narrador.

  b) Copie a fala da Chapeuzinho Vermelho.

  _____

  _____

  _____

5. Você observou que nesse trecho do conto Chapeuzinho Vermelho há um diálogo. **Diálogo** é uma conversa entre duas ou mais pessoas.

  a) Releia o trecho e faça o que se pede.

  - Circule de azul a pontuação usada para indicar que alguém vai falar. Escreva a seguir o nome desse sinal de pontuação.

  _____

  - Circule de vermelho a pontuação usada para indicar que alguém está falando. Escreva a seguir o nome desse sinal de pontuação.

  _____

  b) O sinal usado para indicar a fala do personagem inicia um parágrafo?

COM QUE LETRA?

▼ LETRA R EM DIFERENTES POSIÇÕES

1. Reis e rainhas costumam ser personagens de contos maravilhosos. Você conhece algum trava-língua que fala de rei? Qual?

2. Na tirinha a seguir aparece um trava-língua conhecido. Leia-o rápido, sem tropeçar. Depois, comente com seus colegas o que deu humor à tirinha.

Mauricio de Sousa. **Almanaque do Cascão**, n. 60, nov. 2016. 4.ª capa.

• Responda.

a) O que você pode observar no 1º e no 2º quadrinhos?

b) No 3º quadrinho, por que Cascão parece tão desapontado?

• Copie o trava-língua e circule a letra **r**.

_____

_____

a) Nessas palavras a letra **r** tem som forte ou fraco?

_____

b) Qual é a posição da letra **r** nessas palavras?

_____

195

3. Copie as palavras no lugar adequado.

livro	martelo	bordado	computador
princesa	rei	torre	madeira
rainha	coruja	ferreiro	cozinhar

r no começo da palavra	r entre vogais	rr entre vogais
r i a c h o	h i s t ó r i a	c a r r u a g e m

r no meio da sílaba	r no final da sílaba	r no fim da palavra
d r a g ã o	c o r d a	l e i t o r

4. Com seus colegas, leia as duplas de palavras. Depois, encontre cada palavra escrita em azul dentro de outra palavra e circule-a.

rato	rosa	rede
barato	saborosa	parede

- Separe essas palavras em dois grupos, de acordo com o som da letra **r**.

A _____ _____ _____

B _____ _____ _____

- No grupo **B**, pinte de amarelo as letras que vêm antes e depois do **r**.

- As letras que você pintou são:

  ☐ vogais.   ☐ consoantes.

- Agora, responda.

a) No início das palavras, o **r** tem som forte ou brando?

_____

b) E que som tem o **r** sozinho entre vogais?

_____

5. Acrescente uma letra às palavras e forme outras, com outro sentido. Depois, separe as sílabas das palavras formadas. Atenção! Só vale acrescentar a mesma letra em todas as palavras.

aranha	➡	arranha	➡	ar	ra	nha
moro	➡		➡			
caro	➡		➡			
careta	➡		➡			

- Com os colegas, leia em voz alta as palavras dos retângulos **azuis** e **amarelos**. Depois, marque a alternativa adequada.

a) A letra **r** representa o mesmo som nas duplas de palavras?

   ☐ Sim.   ☐ Não.

b) O significado dessas palavras é o mesmo?

   ☐ Sim.   ☐ Não.

6. Acrescente a letra **r** e forme outras palavras. Separe as sílabas das palavras formadas.

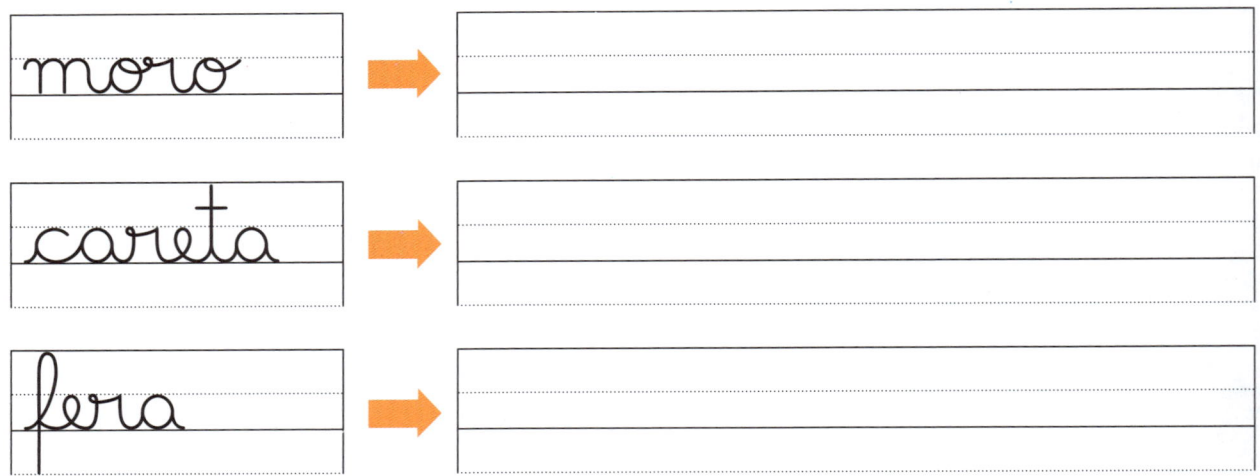

moro	➡	
careta	➡	
fera	➡	

a) O que aconteceu com as letras **rr** na separação de sílabas?

b) Todas as sílabas têm vogal?

7. Acrescente a mesma letra em todas as palavras e forme outras.

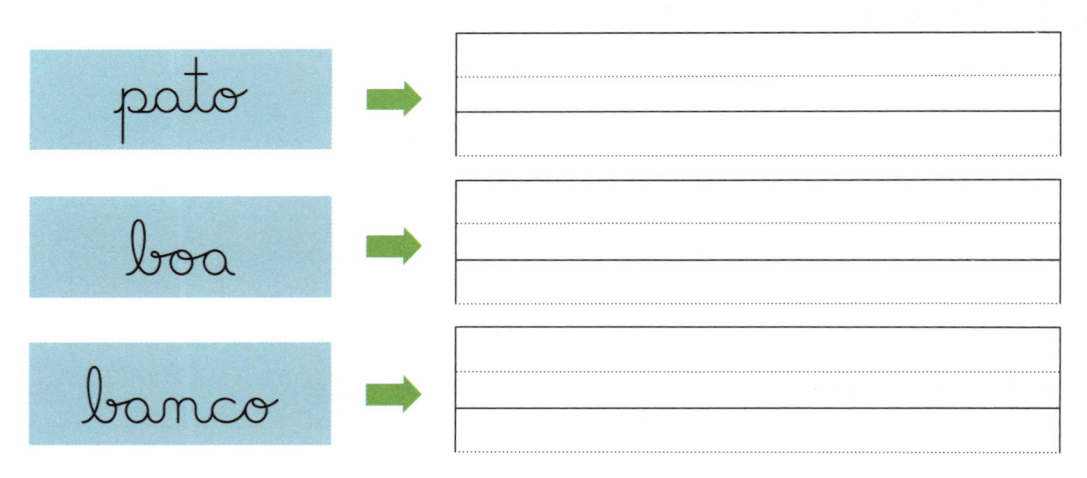

pato	➡	
boa	➡	
banco	➡	

• Complete as frases com as duplas de palavras da atividade anterior.

a) _____ no tucupi é um _____ apreciado no Pará.

b) O ipê- _____ faz sombra no _____ da praça.

c) A _____ de milho ficou tão _____!

CAPÍTULO 2
PERSONAGENS FANTÁSTICOS

- Fazem parte dos contos maravilhosos personagens como: gigantes, dragões, bruxas e outras estranhas criaturas. Você conhece algum conto com esses personagens? Qual?
- O conto que você vai ler traz uma criatura perigosa como personagem. Pelas ilustrações, você sabe quem é ela?

LEITURA

1. Leia a primeira parte do conto para ver se o que você pensou se confirma. Depois comente suas impressões sobre esse trecho da história.

Parte 1
Os cabritos da montanha

Era uma vez três cabritos astutos que viviam na encosta de uma montanha. Tinham uma vida tranquila e comida não lhes faltava. Mas o tempo passou, a chuva demorou e a pastagem começou a diminuir.

Do outro lado do rio, dava para ver que a relva ainda era abundante, verdinha e apetitosa. Só que, para chegar até lá, os cabritos precisariam atravessar uma ponte. Mas o problema não era a ponte: era o terrível Troll que morava debaixo dela.

Mais pescoçudo que uma girafa, de corpo forte, peludo, e com enormes e afiadas garras, o Troll era o guardião da ponte e devorava todos os que ousassem passar por ela.

Nada escapava aos sentidos da grotesca criatura: pelas imensas orelhas podia ouvir o barulhinho de uma formiga passando! Seus olhos esbugalhados e remelentos enxergavam além do horizonte! E o que dizer do seu nariz? Comprido e verruguento, que se esticava ainda mais quando a fera ficava brava, permitia que ele sentisse os mais inebriantes perfumes e os mais asquerosos cheiros!

Enquanto isso, o tempo passava e a fome dos cabritos só aumentava.

Foi então que, quando o Sol já ia se esconder no horizonte, eles finalmente conseguiram criar um plano para enganar o malvado Troll.

O primeiro a tentar atravessar a ponte foi o cabrito mais novo:

Tric-trec, tric-trec... — ecoaram os pequenos cascos do animal na madeira da ponte.

— Quem está fazendo tric-trec na minha ponte? — perguntou o Troll.

— Sou eu, o Cabrito Cabritinho. Preciso atravessar a ponte para pastar. Estou com muita fome!

— Pois eu também estou! Prepare-se para ser comido! — disse o Troll.

— Não, por favor! Sou muito pequeno! Se o senhor esperar só um pouquinho, já vai passar um cabrito maior e mais gordinho do que eu.

— Bem, se é assim... Pode passar. — convenceu-se o Troll.

Pouco depois, o Cabrito Cabroso começou a se aproximar.

[...]

Abundante: em grande quantidade.
Asquerosos: repugnantes.
Astutos: que não se deixam enganar, espertos.
Ecoar: fazer-se ouvir ou sentir à grande distância.
Encosta da montanha: declive da montanha.
Grotesca criatura: no texto, quer dizer criatura disforme.
Relva: camada de vegetação rasteira que cobre o chão.
Troll: personagem folclórico, um monstro horrendo que vive nas montanhas.

Deu curiosidade em saber o que vai acontecer com os cabritinhos? Não deixe de ler a Parte 2 desse conto!

2. Você já estudou que algumas histórias são contadas por um **narrador**.

É ele quem apresenta os personagens e os acontecimentos.

a) Quem são os personagens do conto?

b) Por que os cabritos decidiram atravessar a ponte?

c) Qual o plano dos cabritos para atravessar a ponte?

d) Na história, os cabritos tinham tamanhos diferentes. De que maneira você poderia se referir ao tamanho dos cabritos, usando apenas uma palavra para cada um deles?

3. Releia o início do conto e sublinhe a palavra que descreve os cabritos.

> Era uma vez três cabritos astutos que viviam na encosta de uma montanha.

- Essa característica pode ser atribuída também ao Troll? Por quê?

_____

_____

4. Releia outra fala do narrador e responda.

> Do outro lado do rio, dava para ver que a relva ainda era abundante, verdinha e apetitosa. Só que, para chegar até lá, os cabritos precisariam atravessar uma ponte. Mas o problema não era a ponte: era o **terrível** Troll que morava debaixo dela.

- Para que a palavra em destaque foi utilizada?

_____

5. Além de **terrível**, escreva como o Troll foi descrito fisicamente:

a) o corpo: _____

b) os olhos: _____

c) as garras: _____

d) as orelhas: _____

e) o nariz: _____

6. Na sua opinião, por que houve a preocupação em descrever o Troll?

_____

_____

7. Releia outro trecho do conto.

> Enquanto isso, o tempo passava e a fome dos cabritos só aumentava.
> Foi então que, quando o Sol já ia se esconder no horizonte, eles finalmente conseguiram criar um plano para enganar o malvado Troll.

- Em que parte do dia aconteceram os fatos do conto?

_____

8. Releia mais um trecho do conto.

> — Sou eu, o Cabrito Cabritinho. Preciso atravessar a ponte para pastar. Estou **com muita fome**!

- Que palavra poderia substituir a expressão em destaque, sem mudar o sentido do trecho?

_____

Continuação da leitura

Será que o plano dos cabritos da montanha para atravessar a ponte vai dar certo? Acompanhe a leitura que o professor vai fazer. Depois, comente se o conto surpreendeu você.

> **Parte 2**
>
> Tric-trec, tric-trec... — soaram os cascos do animal assim que pisou na ponte.
>
> — Quem está fazendo tric-trec na minha ponte? — gritou o Troll.
>
> — Sou eu, o Cabrito Cabroso. Preciso atravessar a ponte para pastar. Faz muito tempo que não como nada!
>
> — Não me interessa! Prepare-se para ser devorado! — gritou o Troll.
>
> — Não, por favor! Não sou grande o suficiente para matar sua fome. Se o senhor esperar mais um pouquinho, já vai passar um cabrito bem maior e mais apetitoso do que eu.
>
> — Então passe! Passe antes que eu me arrependa! — rosnou o Troll.
>
> Depois de pouco tempo, quem chegou foi o Cabrito Cabritão.
>
> Tric-trec, tric-trec... — retumbaram os cascos possantes do animal, fazendo a madeira da ponte ranger!
>
> — Quem está fazendo tric-trec na minha ponte? É um tric-trecão! — berrou o Troll!
>
> — Sou eu, o Cabrito Cabritão! Vou atravessar a ponte para fazer uma boa refeição!
>
> — Não, não e não! Vou fazer de você meu banquete! — urrou o Troll!

— Banquete?! Só se for de rabanete espetado em alfinete! — rosnou, valente, o maior cabrito da montanha!

O Troll subiu até a ponte, enfurecido, mas o Cabrito Cabritão não se intimidou. Correu até o alvo, deu-lhe uma chifrada tão forte, mas tão forte, que o gigante horrendo voou pelos ares, caiu no rio e foi levado pela forte correnteza. Depois disso, nunca mais foi visto por aquelas montanhas.

O Cabrito Cabritão se reuniu aos irmãos no pasto do outro lado do rio e, finalmente, se fartaram e festejaram o reencontro em paz.

— Pois é... Parece que foi por um fio, mas chegamos a esta margem do rio! — suspirou, aliviado, o Cabrito Cabritinho...

Cristina Porto. **Os cabritos da montanha**. Exclusivo para esta coleção.

Cristina Porto nasceu em Tietê (SP) em 1949. Formada em Letras pela Universidade de São Paulo, foi professora em turmas de alfabetização e trabalhou na Editora Abril, na área de revistas infantojuvenis. Depois de viajar por vários países da Europa, decidiu se dedicar exclusivamente à literatura. Atualmente, tem mais de 50 livros publicados por várias editoras, dentre eles:
Se... Será, Serafina?; Serafina e a criança que trabalha; Joana banana etc.

1. O plano dos cabritinhos deu certo? Justifique.

2. Escreva no balão a frase repetida pelo Troll sempre que os cabritos tentavam passar pela ponte.

TRIC-TREC!
TRIC-TREC!

3. Tric-trec, tric-trec representa um som. Qual é ele?

_____

_____

4. Ao longo do texto, a expressão **Tric-trec, tric-trec** foi escrita com letras cada vez maiores.

• Marque a alternativa adequada.
 A intenção do autor, ao usar esse recurso, foi representar:

☐ que o cabrito que estava atravessando a ponte era cada vez maior.

☐ que o barulho do casco do cabrito na madeira da ponte era cada vez maior.

☐ que o cabrito que estava atravessando a ponte e o barulho dos cascos dele na madeira da ponte eram cada vez maiores.

5. Releia o trecho a seguir.

> — Quem está fazendo tric-trec na minha ponte? É um tric-trecão! — berrou o Troll!
> — Sou eu, o Cabrito Cabritão! Vou atravessar a ponte para fazer uma boa refeição!
> — Não, não e não! Vou fazer de você meu banquete! — urrou o Troll!
> — Banquete?! Só se for de rabanete espetado em alfinete! — rosnou, valente, o maior cabrito da montanha!

- Para construir a história, a autora Cristina Porto escolheu palavras pensando no som produzido, explorando suas semelhanças sonoras. O que deu sonoridade a esse trecho do conto?

_____

_____

6. Escreva as palavras que rimam com:

tric-trecão _____ _____ _____

banquete _____ _____ _____

7. Sublinhe outro trecho do texto em que a autora brincou com a sonoridade das palavras.

8. Releia.

> O Troll subiu até a ponte, enfurecido, mas o Cabrito Cabritão não se intimidou. Correu até o alvo, deu-lhe uma chifrada tão forte, mas tão forte, que o gigante horrendo voou pelos ares, caiu no rio e foi levado pela forte correnteza. Depois disso, nunca mais foi visto por aquelas montanhas.

- Sublinhe nesse trecho as palavras e expressões utilizadas para fazer referência ao Troll.

SÓ PARA LEMBRAR

1. O conto **Os cabritos da montanha** está escrito em **prosa**, isto é, está organizado em frases que, agrupadas, formam parágrafos. Numere os parágrafos desse conto.

- Comente com os colegas o que você observou para identificar os parágrafos. O professor vai registrar na lousa as ideias da turma, que deverão ser copiadas a seguir.

_____

_____

_____

2. As letras que iniciam os parágrafos são maiúsculas ou minúsculas?

_____

3. No texto, alguns parágrafos iniciam com as seguintes expressões:

- Era uma vez...   • Pouco depois
- Enquanto isso, o tempo passava
- Foi então que, quando o Sol já ia se esconder no horizonte

- Marque as alternativas adequadas.
    A função dessas expressões é:

    ☐ indicar a passagem de tempo na história.
    ☐ mostrar que haverá uma mudança de acontecimento na história.
    ☐ mostrar a importância de o texto estar dividido em parágrafos.

NOSSA LÍNGUA

1. No conto **Os cabritos da montanha**, os nomes dos cabritos evidenciam o tamanho deles.

   Use apenas uma palavra para transmitir a ideia de variação de tamanho dos cabritos.

   _____   _____   _____

2. Complete o quadro com as palavras que estão faltando.

Tamanho normal	Tamanho pequeno	Tamanho grande
livro		
	gatinho	
		bichão
	ovinho	

3. Continue escrevendo palavras que representam o tamanho pequeno dos nomes.

pé pe**z**inho _____   bolsa bol**s**inha _____

limão _____   parafuso _____

irmã _____   urso _____

café _____   casa _____

- Responda.
  O que você observou para registrar as palavras com **s** ou **z**?

DE TEXTO EM TEXTO

Observe a escultura. Ela foi feita pelo artista húngaro Ervin Loranth Hervé.

Escultura Feltépve, criada pelo artista húngaro Ervin Loranth Hervé. Budapeste, Hungria, 2014.

a) Que impressão a escultura provoca em você?

b) Como o gigante parece estar se sentindo? Por quê?

c) A escultura está em um ambiente fechado ou ao ar livre? O que levou você a essa conclusão?

d) Se o homem emitisse som, qual você imagina que seria?

e) Essa escultura faz lembrar o Troll, personagem do conto **Os cabritos da montanha**? Por quê?

EXPRESSÃO ORAL

Você e os colegas leram um conto em que um terrível Troll morava embaixo de uma ponte e não deixava ninguém passar sobre ela.

Agora a turma será dividida em duplas para imaginar, desenhar e depois apresentar aos colegas da classe outra criatura amedrontadora para ser a guardiã dessa ponte. Pode ser uma bruxa, um lobo, um gigante ou outro ser.

> **DICA** Cada dupla terá 5 minutos para a apresentação oral.

1. Decidam quem será o guardião da ponte e planejem as características físicas dele.

2. Façam anotações que ajudem vocês a descrevê-lo oralmente para a turma.

3. Pensem nas características emocionais da criatura, se é feroz, assustadora, raivosa, e também em como será cada parte do corpo dela:
   - Pele
   - Nariz
   - Cabelo
   - Mãos, pés ou patas
   - Orelhas
   - Braços
   - Olhos
   - Unhas ou garras
   - Dentes
   - Pernas
   - Boca

4. Desenhem a criatura com as características que imaginaram.

5. Leiam a descrição que fizeram e, se necessário, acrescentem informações ao texto ou à ilustração.

> **DICA** Decidam que parte cada integrante da dupla vai falar e se irão ou não utilizar o texto escrito na hora da exposição oral.

6. Ensaiem a apresentação.

7. Durante a apresentação:
   - segurem a ilustração de forma que todos possam observá-la;
   - falem em tom de voz alto e claro, fazendo gestos, quando necessário, e observando a reação da plateia;
   - Depois ouçam com atenção a apresentação das outras duplas.

PRODUÇÃO TEXTUAL

Sua turma foi organizada em duplas com o objetivo de criar um ser amedrontador para ser o guardião da ponte do conto **Os cabritos da montanha**.

Junte-se ao mesmo colega para escreverem uma nova versão para essa história com o personagem que inventaram.

Cada dupla criará um livro ilustrado, para ser doado à biblioteca do bairro ou a outra turma da escola.

DICA A história criada deve ter os mesmos fatos e seguir a mesma sequência do conto original.

Sigam os seguintes passos:

1 Com os colegas da turma, façam uma lista com dez ou doze palavras que, provavelmente, irão utilizar na história. O professor vai registrá-las em um cartaz. Consultem-no sempre que necessário.

2 Façam primeiro um rascunho. Lembrem-se de:
- narrar os fatos de acordo com o conto original;
- descrever a criatura que vivia embaixo da ponte, para que possam envolver os leitores;
- usar palavras ou expressões que mostrem a passagem do tempo: **então, daí a pouco, depois disso, em seguida**;
- dar um título à história.

3 Leiam o conto para verificar se:
- contém todos os fatos da história original;
- o leitor conseguirá imaginar a criatura a partir da descrição feita;
- a história foi iniciada com parágrafo e letra maiúscula;
- usaram a pontuação adequada para fazer as perguntas e transmitir emoções, como medo, raiva, surpresa.

4 Mostrem o conto ao professor. Ele poderá dar dicas para que a história fique ainda mais interessante.

5 Façam as alterações que julgarem convenientes.

6 Leiam mais uma vez o conto criado e combinem que partes desejam ilustrar.

7 Passem o conto a limpo em letra legível, deixando espaço para as ilustrações.

DICA Não se esqueçam de incluir a autoria, ou seja, seu nome e o do colega.

8 Tudo pronto, ouçam as explicações do professor sobre a montagem, edição e entrega do livro.

HORA DE AVALIAR

✔ Saber que o livro que criaram será lido por muitos colegas estimulou vocês a escreverem da melhor forma possível?

✔ Ter desenhado e apresentado aos colegas o novo guardião da ponte ajudou na hora de acrescentá-lo ao conto?

✔ Você e seu colega de dupla consultaram os escritos expostos na sala para ajudar a escrever as palavras que desejavam?

✔ A pontuação ajudou a deixar a história mais clara para o leitor?

VIVA A DIVERSIDADE!

◤ CONVERSANDO A GENTE SE ENTENDE!

No conto **Os cabritos da montanha**, Troll queria ser o dono da ponte.

No dia a dia, também é comum encontrarmos pessoas que querem o melhor só para si. É bom quando a gente consegue dialogar, **negociar** até chegar a um acordo.

Crianças em conversa na sala de aula para negociar os combinados da turma.

Quando se chega a um acordo, depois de uma conversa, o resultado é sempre positivo, pois, assim, não há ganhadores ou perdedores.

1 Para você, o diálogo é importante? Por quê?

2 Você conhece o ditado popular que diz **"Conversando a gente se entende!"**? O que essa sabedoria popular quer dizer? Você concorda com esse ditado?

3 Você já fez acordos com colegas ou pessoas da família? Que acordo fez? Como se sentiu? Sua opinião foi ouvida e respeitada? Você ouviu e respeitou o que as outras pessoas disseram?

UNIDADE

8
NATUREZA INCRÍVEL

1. Que animais aparecem na cena?
2. Qual deles você acha mais interessante? Por quê?
3. Na sua opinião, existe algum lugar do planeta que não tenha animais?

NESTA UNIDADE VOCÊ VAI:
- Ler informações sobre alguns animais.
- Pesquisar, escrever e apresentar informações sobre alguns insetos.

Cena do filme **Minúsculos**, de Hélène Giraud e Thomas Szabo. França, 2015.

CAPÍTULO

1 VIDA DE BARATA

- Você já leu algum texto parecido com este a seguir?
- Onde você encontra esse tipo de texto?
- Do que você acha que as baratas se alimentam?

LEITURA

1. Faça a leitura silenciosa do artigo de divulgação científica para buscar a parte que informa sobre a alimentação das baratas e saber se o que você pensou se confirma. Depois, acompanhe a leitura do professor.

O que é que a barata tem?

No mundo todo

Existem cerca de 5 mil espécies de baratas no mundo. Só no Brasil, vivem mais de mil tipos. Os únicos lugares livres desses insetos são as calotas polares. A dona baratinha não sobrevive em temperaturas muito baixas.

Bicho antenado

As baratas têm duas antenas bem longas que captam cheiros e gostos. Elas ajudam o inseto a encontrar água ou alimentos, principalmente durante o dia.

5 centímetros

Hora do lanche

As baratas comem de tudo: pele, cocô, papel, couro, doces, salgados e até alimentos estragados. Como não têm dentes, elas usam a forte mandíbula para raspar a comida.

Eca, que nojo!

Já reparou que, ao esmagar uma barata, sai de dentro dela uma massa branca e nojenta? Essa meleca é gordura. Além de proteger os órgãos internos, a gordura acumulada ali permite que a barata fique dias sem comer.

Você sabia que...

... a barata pode viver dias sem cabeça? É que os órgãos vitais não estão na cabeça, mas ao longo do corpo e no abdome.

Shirley Paradizo. O que é que a barata tem? **Recreio**, São Paulo, ano 13, n. 702, p. 14-15, 22 ago. 2013. Editora Caras S/A.

Captar: perceber.
Insetos: pequenos animais sem ossos, com antenas na cabeça, asas e três pares de pernas.
Calotas polares: regiões ao redor do polo cobertas de gelo.
Órgãos vitais: partes do organismo indispensáveis para a vida.

2. O texto **O que é que a barata tem?** é um artigo de divulgação científica.

   a) Na sua opinião, por que a autora escolheu esse título?

   b) Esse artigo de divulgação científica foi escrito prioritariamente para crianças ou adultos? O que levou você a essa conclusão?

   c) As imagens que ilustram o texto são importantes? Por quê?

3. Releia.

> A **dona baratinha** não sobrevive em temperaturas muito baixas.

- Essa maneira de se referir à barata remete a uma cantiga de um conto infantil. Escreva o título do conto.

_____

4. Marque a alternativa verdadeira.

☐ Existem baratas em todos os lugares do mundo.

☐ Só não existem baratas nas calotas polares.

5. Se a barata tiver a cabeça arrancada, ela morre imediatamente? Marque.

☐ Sim.   ☐ Não.

- Sublinhe no artigo o trecho que confirma sua resposta.

6. Faça a atividade com um colega.

a) Releia um trecho do artigo de divulgação científica.

> **A** Já reparou que, ao esmagar uma barata, sai de dentro dela uma massa branca e nojenta? Essa meleca é gordura.

- Sublinhe nesse trecho as palavras e expressões usadas para se referir ao que sai de dentro da barata quando ela é esmagada.

b) A autora poderia ter escrito o mesmo trecho assim:

> **B** Já reparou que, ao esmagar uma barata, sai de dentro dela uma gordura?

- Por que ela preferiu escrever como na forma **A**?

_____

_____

_____

7. A gordura do corpo da barata serve:

☐ para proteger os órgãos internos do animal.

☐ para deixar o animal mais ágil.

☐ como reserva alimentar, permitindo que o animal fique dias sem comer.

8. Responda.

• Você já ouviu a expressão **estar antenado**? O que ela quer dizer?

9. Releia o subtítulo e uma informação do artigo de divulgação científica **O que é que a barata tem?**, da página 216.

> **Bicho antenado**
> As baratas têm duas antenas bem longas que captam cheiros e gostos.

• Marque a alternativa adequada.

Nesse artigo, a expressão **bicho antenado** significa:

☐ apenas que a barata tem antenas.

☐ que a barata tem antenas e as utiliza para estar atenta ao ambiente.

☐ que a barata enxerga bem à noite.

10. Você conhece outra expressão popular com animais? Qual? Escreva.

_____

_____

_____

_____

• Conte o que essa expressão significa.

MAIS SOBRE... ARTIGO DE DIVULGAÇÃO CIENTÍFICA

1. O artigo **O que é que a barata tem?** foi escrito para:

☐ dar instruções sobre como identificar uma barata.

☐ dar informações científicas sobre as baratas.

2. Nos artigos de divulgação científica, é comum o **título** estar destacado em letras maiores e vir acompanhado por títulos menores, chamados de **subtítulos**.

• Escreva um subtítulo do artigo que você leu.

_____

3. Se você quisesse apenas se informar sobre os lugares do mundo onde é possível encontrar baratas, seria necessário ler o texto todo? Por quê? Marque.

☐ Sim, pois sempre é preciso ler o texto todo para obter informações.

☐ Não, pois os subtítulos dão pistas sobre o que trata cada bloco de informações.

4. Os artigos de divulgação científica costumam evitar gírias ou expressões usadas no dia a dia. No entanto, o artigo que você leu apresenta uma linguagem mais descontraída. Veja.

> Já reparou que, ao esmagar uma barata, sai de dentro dela uma massa branca e nojenta? Essa meleca é gordura.

• A linguagem está adequada ao tipo de revista em que esse artigo foi publicado? Por quê?

_____

_____

ESPAÇO LITERÁRIO

1. Você conhece a história da baratinha que, depois de encontrar uma moeda de ouro, resolveu procurar um noivo para se casar?

- Será que ela vai encontrar um noivo? Se sim, quem será ele?

2. Ouça a leitura do professor.

3. Recontem oralmente o conto **O casamento da Dona Baratinha**.

4. Destaque as cenas da página 277 e cole na ordem em que elas acontecem na história.

COLE AQUI	COLE AQUI	COLE AQUI
COLE AQUI	COLE AQUI	COLE AQUI

5. Escrevam os versos da cantiga cantada por Dona Baratinha.

6. Pinte de cor clarinha o sinal de pontuação que aparece no último verso.

- Conte o que esse sinal indica.

7. Agora cante com os colegas, dando a entonação adequada, de forma a mostrar que a Dona Baratinha faz uma pergunta.

223

COM QUE LETRA?

SOM NASAL

1. O que você sabe sobre a anta? Leia na legenda uma curiosidade sobre esse animal.

A anta mexe as orelhas, como os cavalos, para ouvir melhor e espantar insetos.

a) Acrescente **m** ou **n** depois das letras destacadas nas palavras a seguir, para transformar em outras. Observe o exemplo.

ATA	SODA	VETO
ANTA		
PADEIRO	SOBRA	LEBRE

b) Use os dedos para tampar um pouco o nariz e leia as duplas de palavras pausadamente e em voz alta.

- Observe que, ao pronunciar as palavras dos retângulos amarelos, parte do ar sai, ao mesmo tempo, pela boca e pelo nariz. Dizemos que essas palavras têm **som nasal**.

2. Tampe novamente o nariz e leia as palavras a seguir em voz alta.

| papelão | limão | romã | dedão |

- As palavras com **til** ~ também têm som nasal? Marque.

☐ Sim. ☐ Não.

3. Escreva outras palavras que possam completar cada grupo.

tro**m**ba	ce**n**tro	sab**ã**o
_____	_____	_____
_____	_____	_____
_____	_____	_____

a) O que as palavras de cada grupo têm em comum?
_____

b) Todas elas têm som nasal? _____

4. Pesquise em jornais e revistas palavras terminadas por **m** e **n** e recorte. Cole essas palavras no quadro.

```
COLE AQUI
```

• E, então, há mais palavras terminadas por **m** ou por **n**?
_____
_____

5. Leia as palavras do quadro e coloque ~ quando necessário. Depois, copie as palavras com **til**.

íma	quando	mae	irma	macarrao
manto	amou	emprego	tamanho	caminhao
amanha	banda	mao	poe	maça

_____
_____

SÓ PARA LEMBRAR

1. Responda.

a) O que você sabe sobre o inseto louva-a-deus?

b) Você sabe por que esse inseto recebe esse nome?

2. No texto a seguir, existem três frases. Separe com um traço.

Louva-a-deus

Muitos louva-a-deus se parecem com folhas eles permanecem imóveis e então esticam rapidamente suas longas patas dianteiras para agarrar um inseto desavisado o louva-a-deus tem mandíbulas afiadas para fatiar suas presas.

Barbara Taylor. **Insetos**. São Paulo: Ciranda Cultural, 2010. p. 26.

- Agora reescreva o texto usando ponto final e letra maiúscula no início das frases. Dica: você vai usar o **ponto final** três vezes.

CAPÍTULO 2

BICHOS DE JARDIM

- Você já observou um jardim? Se sim, conte aos colegas que animais você viu.
- As formigas são facilmente encontradas em jardins. O que você sabe sobre elas?
- Observe o texto e a imagem a seguir. Que informações sobre as formigas você imagina que o texto vai apresentar?

LEITURA

1. Acompanhe a leitura do professor. Depois escreva as palavras destacadas no texto nos lugares correspondentes.

A formiga-cortadeira

O cérebro e os **olhos** das formigas ficam localizados na **cabeça**.

A **mandíbula** desses insetos é superforte e serve para atacar inimigos, cortar folhas e carregá-las.

A formiga-cortadeira possui duas **antenas** capazes de identificar cheiros. Os sons são captados pelas **patas**. Elas possuem seis patas e isso ajuda na hora de distribuir o peso da carga. A formiga leva objetos que pesam até 14 vezes mais do que ela.

O **tórax** é dividido em três partes e tem músculos que permitem a movimentação das patas.

Fonte de pesquisa: Olívia Fraga. Turma organizada. **Recreio**, São Paulo, ano 7, n. 339, p. 12, 7 set. 2006.

1,5 centímetro

2. Responda.

a) Por que as formigas são consideradas recordistas em levantamento de peso?

b) A imagem que acompanha o artigo de divulgação científica ajuda a compreender o texto escrito?

3. Sublinhe no artigo a função:

> das mandíbulas.   das antenas.

4. Você já deve ter visto formigas carregando folhas para o formigueiro. Conte para os colegas para que você acha que servem essas folhas.

- Agora leia o texto a seguir para ver se o que você pensou se confirma.

Você sabia...

As folhas que as formigas carregam não são seu alimento.

Depois de trituradas, servem para a reprodução de fungos. Os fungos que se desenvolvem nas folhas é que são a comida delas.

Casa bem-arrumada. **Recreio**, São Paulo, ano 6, n. 295, 3 nov. 2005.

- Registre para que servem as folhas que são levadas para o formigueiro.

_____

_____

5. No Brasil, existe uma grande diversidade de animais e plantas, todos dependentes uns dos outros, mas cada um fazendo a sua parte para continuarmos vivos. Com os colegas e o professor, faça uma visita virtual ao **Museu Biomas do Brasil**, disponível no *site*: <http://ftd.li/gftd4o>. Acesso em: 23 nov. 2017.

DE CARONA COM O TEXTO

1. **DESAFIO.**

   a) Observe as imagens. Identifique o animal e circule o nome dele no quadro a seguir.

   b) Depois, escreva o nome perto do animal correspondente.

arame	formiga	telha
aranha	forminha	abelha
grilo	janelinha	borboleta
grito	joaninha	chupeta

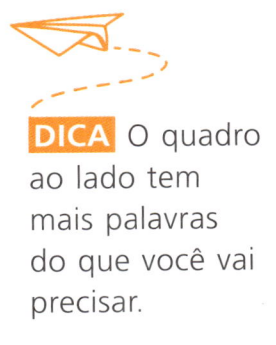

   DICA O quadro ao lado tem mais palavras do que você vai precisar.

   229

JÁ SEI LER!

1. Você conhece uma cantiga que fala de uma formiguinha?

2. Cante com os colegas.

Fui ao mercado

Fui ao mercado comprar café
Veio a formiguinha e subiu no meu pé
Eu sacudi, sacudi, sacudi
Mas a formiguinha não parava de subir.

Fui ao mercado comprar melão
E a formiguinha subiu na minha mão
Eu sacudi, sacudi, sacudi
Mas a formiguinha não parava de subir.

Fui ao mercado comprar jerimum
E a formiguinha subiu no meu bumbum
Eu sacudi, sacudi, sacudi
Mas a formiguinha não parava de subir.

(Folclore.)

- Você sabe o que é jerimum? Conhece outros nomes para esse fruto?

3. Escreva palavras que rimem com:

café	melão	jerimum
_____	_____	_____
_____	_____	_____
_____	_____	_____

4. A formiguinha foi comprar **batata-roxa**. Complete os versos escrevendo o nome de uma parte do corpo, fazendo rima.

Fui ao mercado comprar _____.

Veio a formiguinha e subiu na minha _____.

5. Sublinhe as palavras que o professor ditar. Depois copie.

pena	copo
perna	corpo
fada	foca
farda	forca

- Agora, complete.

a) Bernardo machucou a _____ jogando futebol.

b) Você sabe as regras do jogo da _____?

c) As palavras _____ e **uniforme** têm sentido semelhante.

d) A gripe costuma deixar o _____ dolorido.

NOSSA LÍNGUA

1. Responda.

a) O que você sabe sobre as abelhas?

b) Você sabia que as abelhas fazem uma dança em forma de oito? O que será que elas querem comunicar com essa dança?

- Leia e descubra.

Zum, zum, zum...

As abelhas vivem em colmeias. Dentro da colmeia, elas constroem favos, que são feitos de cera vinda de suas glândulas. Os buraquinhos do favo armazenam o mel e os ovos postos pela abelha--rainha.

Durante a primavera e o verão, as abelhas voam de flor em flor para recolher néctar. De volta à colmeia, o néctar é usado para fazer mel.

Quando uma abelha--operária acha uma boa fonte de néctar, ela retorna à colmeia e faz uma pequena dança em forma de oito, que informa às outras abelhas onde o néctar está.

Penelope York. **Insetos**.
São Paulo: Girassol, 2008. p. 24.

Néctar: líquido açucarado que as flores produzem.
Favo: cada uma das pequenas cavidades ou conjunto delas em que as abelhas guardam o mel que produzem.

2. Responda.

a) O que você já sabia sobre as abelhas e foi confirmado pela leitura do texto?

b) O que você aprendeu sobre as abelhas com a leitura do texto?

3. Os textos costumam ser divididos em **parágrafos**. Cada parágrafo trata de um **assunto** e é marcado por um espaço em branco no começo da linha, um pouco depois da margem.

- Escreva quantos parágrafos tem o texto que você leu.

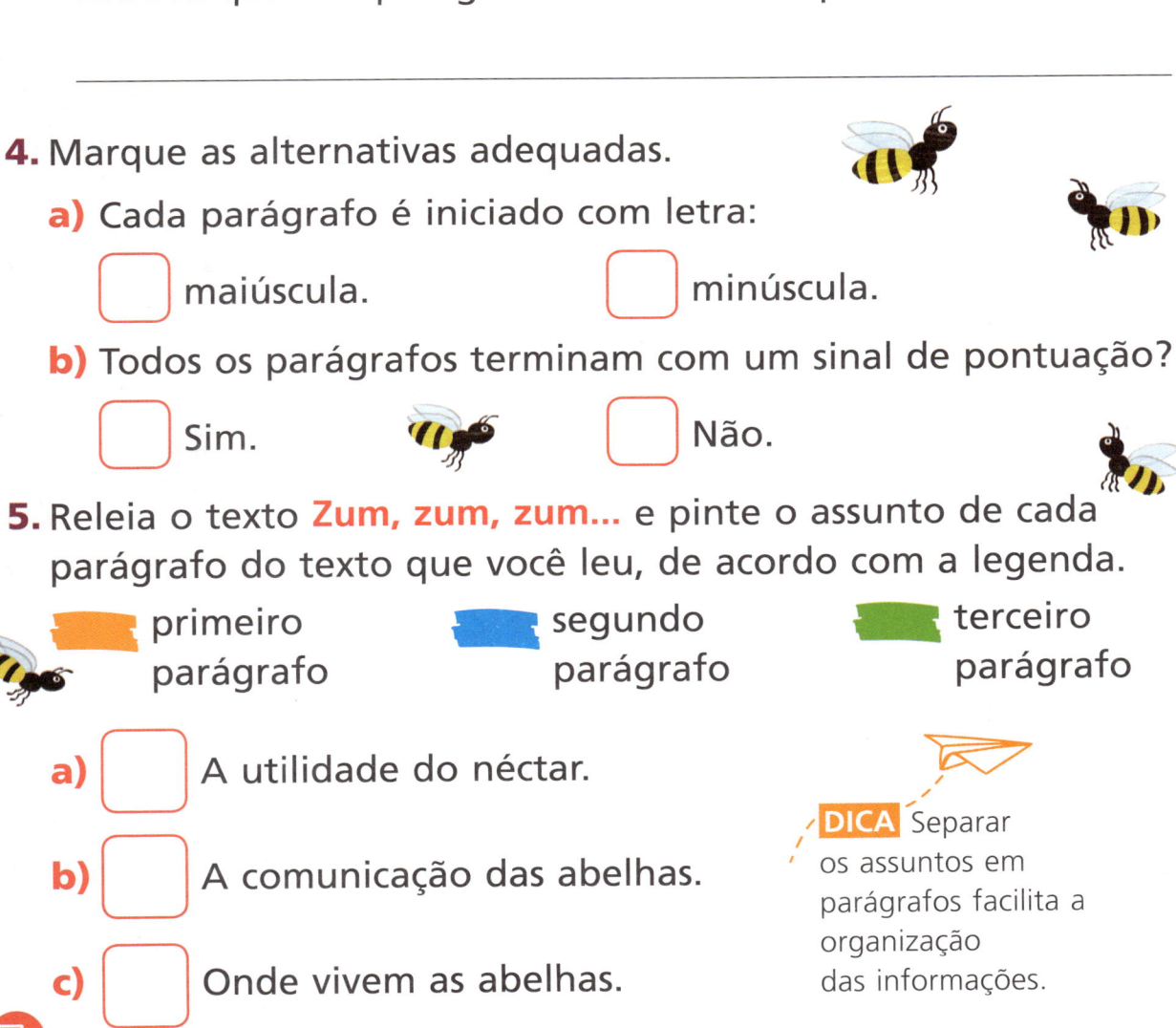

_____

4. Marque as alternativas adequadas.

a) Cada parágrafo é iniciado com letra:

☐ maiúscula.   ☐ minúscula.

b) Todos os parágrafos terminam com um sinal de pontuação?

☐ Sim.   ☐ Não.

5. Releia o texto **Zum, zum, zum...** e pinte o assunto de cada parágrafo do texto que você leu, de acordo com a legenda.

▬ primeiro parágrafo   ▬ segundo parágrafo   ▬ terceiro parágrafo

a) ☐ A utilidade do néctar.

b) ☐ A comunicação das abelhas.

c) ☐ Onde vivem as abelhas.

DICA Separar os assuntos em parágrafos facilita a organização das informações.

- Conclua com os colegas: Para que servem os parágrafos?

6. O que você sabe sobre os cupins?

- O texto a seguir apresenta informações sobre os cupins. Ele foi escrito, de propósito, sem parágrafos. Leia e, em seguida, marque com uma barra / o começo de cada parágrafo.

DICA
Primeiro parágrafo: informa que os cupins trabalham o tempo todo.
Segundo parágrafo: fala sobre a rainha.
Terceiro parágrafo: informa sobre o cupinzeiro.

Exército de ajudantes

Tanto as formigas quanto os cupins vivem em grandes colônias, onde constroem suas casas, trabalham juntos e nunca têm tempo para relaxar. Sua vida inteira gira em torno da criação dos filhotes. [...] Entre os cupins, a rainha é uma máquina de pôr ovos, enorme, que nunca sai de sua câmara real. [...] Algumas espécies de cupim vivem em montes enormes que constroem com terra, saliva e suas próprias fezes. Os montes atingem até seis metros de altura.

Penelope York. **Insetos**. São Paulo: Girassol, 2008. p. 26.

#FICA A DICA

Vida de inseto. Direção de John Lasseter e Andrew Stanton, 1998.

O filme mostra a história de uma formiga inteligente que reúne um grupo de guerreiros para defender a sua colônia de um bando de gafanhotos.

COM QUE LETRA?

PALAVRAS COM M OU N

1. Algumas palavras do quadro a seguir foram retiradas do artigo **O que é que a barata tem?**. Leia.

lanche	dentes	madeira	nojo
comida	campo	noite	sombra

- Junte-se a um colega e descubra como organizar essas palavras em quatro grupos, pensando no uso do **m** e do **n**. Depois, copie.

Palavras com m e n como em:

1. massa	2. natureza
3. limpeza	4. inseto

- Sublinhe as letras que vêm imediatamente depois do **m** e do **n**.
- Responda.

a) Em quais grupos as letras **m** e **n** têm som nasal?

b) Nos grupos 3 e 4, as letras que você sublinhou são vogais ou consoantes?

c) Desses grupos, em quais você teria mais dúvidas na hora de usar **m** ou **n**? Por quê?

2. Destaque os adesivos da página 291 e cole-os em seu caderno, formando dois grupos. Veja:

Palavras com sílabas terminadas em **m**	Palavras com sílabas terminadas em **n**
umbigo	banco

• Observe as palavras dos grupos e responda.

a) A letra **m** é escrita antes de quais consoantes?

_____

b) E a letra **n**?

_____

_____

3. Leia as palavras a seguir.

campeonato   temperatura   framboesa
ombro   ambulância   bombeiro
embaixo   lâmpada   emboscada
empada   chimpanzé   temporal

a) Pinte as letras que vêm imediatamente depois do **m**.

b) Que letras aparecem depois da letra **m**?

_____

c) Junto com os colegas, crie uma regra que ajude no momento de decidir como grafar palavras com sílabas internas terminadas com **m** ou **n**.

_____

_____

4. Use o que você aprendeu e complete as palavras com **m** ou **n**. Depois, copie.

ta_bor	ca_po
silê_cio	pla_ta

5. Leia as palavras.

| perfeito ➡ **im**perfeito |
| completo ➡ **in**completo |

- As duplas de palavras são **sinônimas** ou **antônimas**, ou seja, têm significado semelhante ou significado contrário? Marque.

  ☐ Sinônimas.   ☐ Antônimas.

- Escreva o antônimo das palavras a seguir, acrescentando **in** ou **im**.

  permeável _____   possível _____

  solúvel _____   domável _____

  paciência _____   tolerante _____

- O que você fez para decidir quando usar **in** ou **im**?

237

PRODUÇÃO TEXTUAL

Sua turma será organizada em duplas para pesquisar informações e imagens, em livros, revistas e na internet, e criar ilustrações para produzir artigos de divulgação científica sobre animais que podem ser encontrados em jardim. Os artigos produzidos irão compor um livro intitulado **Bichos de jardim**, que será doado à biblioteca da escola.

Depois disso, na **Expressão oral**, você e os colegas irão gravar um vídeo mostrando as imagens acompanhadas de áudio em que cada dupla contará uma curiosidade sobre o animal.

1 Montem a seguir uma lista com os nomes de animais que já viram em jardins. Ilustrem os animais nos quadrinhos.

2 Definam o animal que cada dupla irá pesquisar.

3 Pesquisem informações sobre o animal escolhido em livros, revistas ou na internet.

4 Planejem o texto: ele deverá ter quatro parágrafos, de maneira a informar:

1º parágrafo ➡ o nome do animal, onde vive e quais são suas características físicas.

• Escreva o rascunho do 1º parágrafo a seguir.

2º parágrafo ➡ do que o bicho se alimenta.

• Escreva o rascunho do 2º parágrafo a seguir.

_____
_____
_____

3º parágrafo ➡ como o animal se reproduz e se ele cuida dos filhotes.

• Escreva o rascunho do 3º parágrafo a seguir.

_____
_____
_____
_____

4º parágrafo ➡ uma ou mais curiosidades sobre o bicho em estudo.

• Escreva o rascunho do 4º parágrafo a seguir.

_____
_____
_____
_____

DICA Decidam se os textos serão digitados ou manuscritos. Em qualquer das situações, haverá leituras e releituras para o aprimoramento dos textos.

5 Escrevam em uma folha à parte o texto completo, leiam e releiam para verificar se:
- as informações em cada parágrafo estão claras;
- usaram o ponto final para separar as informações;
- foram usadas letras maiúsculas no início de frases.

6 Troquem a produção com outra dupla. Esses colegas irão verificar se as informações estão claras e poderão dar dicas para o aprimoramento do texto.

7 Leiam as sugestões dadas pelos colegas e verifiquem se irão acatá-las.

8 Definam que informações cada integrante da dupla vai registrar no livro.

9 Desenhem o animal em estudo. Consultem as imagens pesquisadas para que as ilustrações fiquem próximas de como o bicho é na realidade.

10 Colem as imagens pesquisadas, a ilustração criada e o texto em uma folha à parte.

11 O professor vai explicar como será feita a edição do livro. As páginas serão organizadas em ordem alfabética, de acordo com os nomes dos animais.

ILUSTRAÇÕES: ANDREA EBERT

HORA DE AVALIAR

✔ Você e seu colega tiveram dificuldade para encontrar informações sobre o animal pesquisado? Por quê?

✔ De que forma as anotações feitas durante a pesquisa ajudaram a produzir os textos?

✔ Foi bom trabalhar em dupla? O que você aprendeu?

EXPRESSÃO ORAL

Chegou a hora de você e os colegas fazerem uma exposição oral em vídeo para divulgar as curiosidades sobre os animais pesquisados.

O vídeo será apresentado aos familiares e convidados ou postado no *site* da escola.

1 Com seu colega de dupla, leia o texto produzido no livro **Bichos de jardim**.

2 Preparem-se para a gravação do vídeo.
- Ensaiem o que vão falar, observando o tom de voz e a entonação.
- Escolham que informação cada componente da dupla irá falar no vídeo. Essas informações serão apresentadas em forma de pergunta e devem começar com "Você sabia que...".
- Decidam se irão ler a informação ou narrá-la de memória.

3 Na gravação do vídeo:
- cada integrante da dupla deverá apresentar-se, dizendo o nome. Depois, juntos, dizem o nome do animal pesquisado;
- mostrem a página do livro e narrem as curiosidades sobre o animal.

4 Tudo concluído, assistam ao vídeo com os colegas e conversem sobre o resultado.

5 Agora é só divulgar o vídeo, em uma apresentação para a família e os convidados ou no *site* da escola.

DICA Fiquem atentos ao tom de voz, demonstrando que está sendo feita uma pergunta, ao ritmo e ao entusiasmo da voz, de forma a envolver o público.

VIVA A DIVERSIDADE!

◤ RESPEITE A NATUREZA!

O aumento da produção de lixo tornou-se um grave problema. Muitos dos pequenos tipos de lixo jogados nas ruas entopem bueiros, poluem os rios que deságuam no mar. Durante seu percurso, o lixo, também formado por plásticos, é carregado por correntes marinhas e chega aos locais mais distantes.

Existem gigantescas ilhas flutuantes, totalmente formadas por lixos sólidos, que são carregadas por correntes marinhas a diversos lugares. A foto retrata uma dessas ilhas de lixo, localizada em Shaoguan, na China, em 2016.

O lixo gerado pelo ser humano vai para o oceano e atinge diretamente a fauna marinha. Tartarugas marinhas confundem plásticos com águas-vivas, um de seus principais alimentos.

Poluir o meio ambiente é uma atitude irresponsável com consequências prejudiciais à natureza, cuja preservação é fundamental para o equilíbrio da Terra e para a sobrevivência dos seres vivos.

1 Pesquise e leve para a sala de aula imagens que mostrem o descarte inadequado do lixo.

2 Com os colegas, liste atitudes que podem ajudar o processo de reciclagem e reutilização do lixo.

3 Elaborem um painel com as imagens e a lista e exponham em um mural fora da sala de aula, para alertar mais pessoas sobre a importância da preservação do meio ambiente.

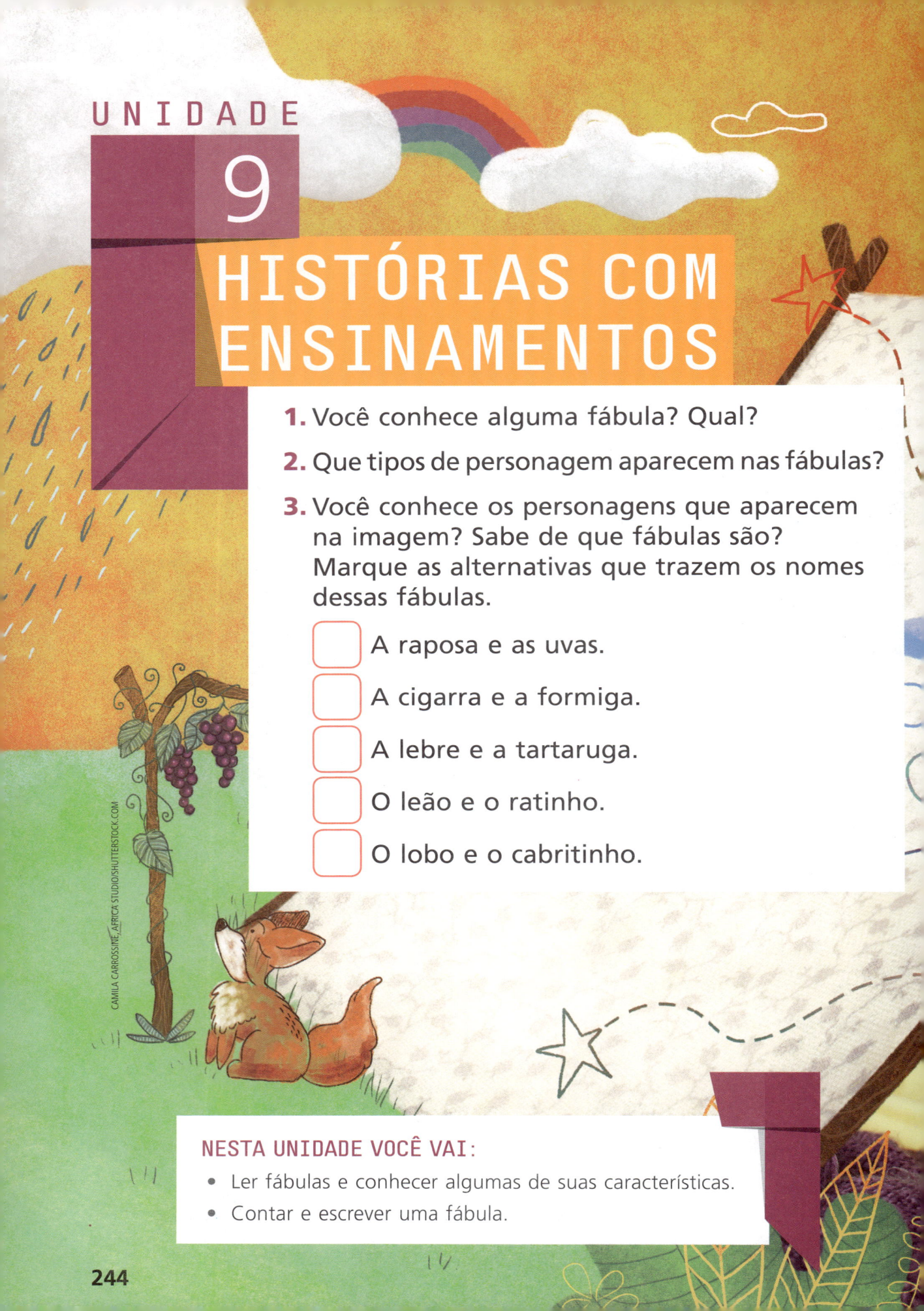

UNIDADE 9
HISTÓRIAS COM ENSINAMENTOS

1. Você conhece alguma fábula? Qual?
2. Que tipos de personagem aparecem nas fábulas?
3. Você conhece os personagens que aparecem na imagem? Sabe de que fábulas são? Marque as alternativas que trazem os nomes dessas fábulas.

- [ ] A raposa e as uvas.
- [ ] A cigarra e a formiga.
- [ ] A lebre e a tartaruga.
- [ ] O leão e o ratinho.
- [ ] O lobo e o cabritinho.

NESTA UNIDADE VOCÊ VAI:
- Ler fábulas e conhecer algumas de suas características.
- Contar e escrever uma fábula.

245

CAPÍTULO 1

MORAL DA HISTÓRIA

- Você se lembra de algum ensinamento transmitido por alguma fábula? Conte aos colegas.
- Em sua opinião, que atitude humana será apresentada numa fábula cujo título é **O galo que logrou a raposa**?

LEITURA

1. Leia e descubra se o que você pensou se confirma.

O galo que logrou a raposa

Um velho galo matreiro, percebendo a aproximação da raposa, empoleirou-se numa árvore. A raposa, desapontada, murmurou consigo: "Deixe estar, seu malandro, que já te curo!...". E em voz alta:

— Amigo, venho contar uma grande novidade: acabou-se a guerra entre os animais. Lobo e cordeiro, gavião e pinto, onça e veado, raposa e galinhas, todos os bichos andam agora aos beijos como namorados. Desça desse poleiro e venha receber o meu abraço de paz e amor.

— Muito bem! — exclamou o galo.

Não imagina como tal notícia me alegra! Que beleza vai ficar o mundo, limpo de guerras, crueldade e traições! Vou já descer para abraçar a amiga raposa, mas... como lá vêm vindo três cachorros, acho bom esperá-los, para que também eles tomem parte na confraternização.

Ao ouvir falar em cachorro, Dona Raposa não quis saber de histórias, e tratou de pôr-se ao fresco, dizendo:

— Infelizmente, amigo Có-ri-có-có, tenho pressa e não posso esperar pelos amigos cães. Fica para outra vez a festa, sim? Até logo.

E raspou-se.

Contra esperteza, esperteza e meia.

Monteiro Lobato. **Fábulas**. 50. ed. São Paulo: Brasiliense, 2002. p. 19. © Monteiro Lobato – Todos os direitos reservados.

Logrou: enganou; tapeou.

Monteiro Lobato nasceu no dia 18 de abril de 1882. Publicou suas obras completas em 1945. Com **Narizinho arrebitado** lança o Sítio do Picapau Amarelo e seus célebres personagens: Narizinho, Pedrinho, Dona Benta, Tia Nastácia, Visconde de Sabugosa, Emília.

Com Lobato, o pó de pirlimpimpim continuará a transportar crianças do mundo inteiro ao Sítio do Picapau Amarelo, onde a imaginação é ilimitada.

2. Responda.

- As fábulas são histórias contadas desde a Antiguidade, ou seja, há muitos anos. Em sua opinião, essas histórias são para crianças, adultos ou pessoas de qualquer idade? Por quê?

3. Marque a alternativa adequada.

- A fábula lida:

  ☐ critica os mais poderosos, que só pensam em si mesmos.

  ☐ mostra que é preciso ser inteligente, esperto, para enfrentar os mais fortes e vencê-los.

4. Releia um trecho da fábula.

> Um velho galo matreiro, percebendo a aproximação da raposa, empoleirou-se numa árvore.

a) Sublinhe nesse trecho a palavra que dá pistas sobre o jeito de ser do galo. O que ela significa? _____

b) Marque a alternativa adequada.
O galo mostrou ser **matreiro** quando:

☐ subiu rapidamente no galho ao avistar a raposa.

☐ conseguiu avistar a raposa ao longe.

5. Leia a frase e depois pinte a alternativa adequada.

Nas fábulas costuma surgir um conflito, ou seja, uma situação-problema.

- A situação-problema da fábula lida é o fato de:

  ☐ a raposa querer que o galo desça da árvore para que possa comê-lo.

  ☐ a raposa querer que o galo desça da árvore para se tornarem amigos.

6. Releia outro trecho da fábula, observando a expressão em destaque.

> A raposa, desapontada, murmurou consigo: "Deixe estar, seu malandro, que **já te curo**!...".

- Sublinhe a alternativa adequada.

Na fábula, a expressão em destaque quer dizer:

a) Já te dou um remédio para curar tua doença.

b) Já te pego; já te dou o troco.

7. Discuta as questões com os colegas. O professor vai registrar na lousa as conclusões da turma.

a) Em algum momento o galo caiu na conversa da raposa? Justifique.

b) Quem foi mais sabido: o galo ou a raposa? Por quê?

8. Marque a alternativa adequada.

Ao ouvir falar em cachorro, Dona Raposa não quis saber de histórias e tratou de **pôr-se ao fresco**, ou seja, ela:

☐ brigou com o galo.   ☐ enfrentou os cães.

☐ deu uma desculpa e saiu rápido.

#FICA A DICA

Minhas fábulas de Esopo, Michael Morpurgo, Companhia das Letrinhas.

Este livro reúne algumas fábulas de Esopo recontadas pelo premiado autor Michael Morpurgo. Ricamente ilustradas, elas servem como uma introdução às fábulas para as crianças de hoje.

O professor vai levar para a **Roda de Leitura** histórias que têm ensinamentos. Moral da história: as fábulas chegaram! Se o livro **Minhas fábulas de Esopo**, de Michael Morpurgo, fizer parte do acervo da biblioteca da escola, escolha uma fábula para ler e recomendar!

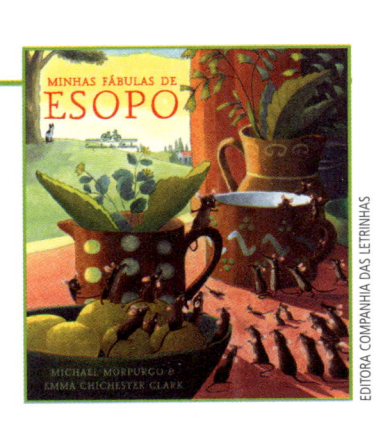

MAIS SOBRE... FÁBULA

1. Discuta as questões a seguir com os colegas e o professor. Depois marque as alternativas adequadas.

   a) Na fábula **O galo que logrou a raposa** houve preocupação em descrever o lugar onde acontece a história?

   ☐ Sim. ☐ Não.

   b) Isso prejudicou a compreensão dos fatos?

   ☐ Sim. ☐ Não.

   c) A fábula que você leu apresenta muitos personagens?

   ☐ Sim. ☐ Não.

2. Leia silenciosamente e, depois, em voz alta o início das três fábulas a seguir, observando os trechos em destaque.

O leão e o ratinho

Numa tarde quente de verão, o leão estava cochilando todo feliz à sombra de uma árvore. [...]

A lebre e a tartaruga

Um belo dia, depois de passar a manhã brincando com os amigos na encosta do morro, a lebre voltava para casa quando topou com a tartaruga. [...]

A raposa e o corvo

Uma manhã, quando caçava, a raposa ergueu o focinho no ar e sentiu o cheirinho de uma coisa que ela adorava. [...]

Michael Morpurgo e Emma Chichester Clark. **Minhas fábulas de Esopo**. Tradução de Eduardo Brandão. São Paulo: Companhia das Letrinhas, 2010. p. 10, 15 e 70.

a) Complete a frase com a alternativa adequada.

As fábulas se passam em um tempo _____

☐ determinado.   ☐ indeterminado.

b) Escreva o que os títulos das fábulas têm em comum.

_____

_____

3. Você conhece estas frases? Relacione cada uma a seu significado.

a) Contra esperteza, esperteza e meia.

b) Deus ajuda quem cedo madruga.

c) Em terra de cego, quem tem olho é rei.

d) Água mole em pedra dura tanto bate até que fura.

Frases como estas são chamadas **provérbios**.

☐ Com persistência, tudo se consegue.

☐ Entre ignorantes quem tem conhecimento acaba se beneficiando.

☐ Sempre pode haver alguém mais esperto.

☐ Quem é esforçado é recompensado.

4. Os provérbios também podem encerrar as fábulas. Eles servem para resumir a história, transmitindo um ensinamento. Leia os provérbios a seguir e assinale aquele que combina com a fábula **O galo que logrou a raposa**.

☐ Mais vale um pássaro na mão do que dois voando.

☐ De grão em grão a galinha enche o papo.

☐ Quem ri por último, ri melhor.

NOSSA LÍNGUA

1. Nas fábulas, em geral, os animais têm características humanas. Veja as imagens e leia as legendas.

Formiga: trabalhadeira.   Raposa: trapaceira.   Corvo: vaidoso.

- Das características humanas do quadro a seguir, quais você selecionaria para cada animal? Escreva.

orgulhoso	amigo	forte
fiel	vaidoso	inteligente
esperto	brincalhão	protetor

Macaco _____

Cachorro _____

Leão _____

2. O que você sabe sobre a joaninha? Leia algumas informações sobre esse inseto.

Um besouro com estampa!

[...]
Corpo arredondado, cabeça pequena, patas curtas e asas protegidas por uma carapaça colorida. Essas são as joaninhas, um tipo de besouro. [...]

[...] as asas duras ajudam na defesa contra predadores.

A boca tem mandíbulas poderosas, o que ajuda a mastigar. Duas antenas ajudam o inseto a encontrar comida e parceiros para namorar.

Lucas Vasconcelos. Um besouro com estampa! **Recreio**, ano 17, n. 894, p. 30-31, 27 abr. 2017.

a) De acordo com o texto, escreva as palavras usadas para dar características às seguintes partes da joaninha:

- corpo: _____
- cabeça: _____
- patas: _____
- carapaça: _____
- asas: _____
- mandíbulas: _____

b) Discuta a questão com os colegas. Depois registre a conclusão da turma.

- Na sua opinião, foi importante fazer essa descrição detalhada do inseto? Por quê?

3. Leia, a seguir, a descrição de um monstro e sublinhe as palavras que dão características àquelas que estão em destaque. Depois, desenhe o monstro.

> Os **Pezududos** são bem altos e magros, mas não tombam, pois têm **pés** enormes.
> Eles possuem **braços** longos que arrastam no chão quando andam [...]. Os Pezududos são **monstros** bastante tristes e não gostam de ninguém.

James McKnight. **O dia em que o Bocaloca fugiu**. Blumenau: Vale das Letras, 2012. Não paginado.

4. Leia e depois responda às adivinhas. As características podem se referir a uma pessoa, um objeto, um animal ou uma coisa.

A O que é, o que é?	**B** O que é, o que é?
É frondosa, florida e enraizada. Se tem balanço no galho, vira a alegria da criançada.	Larga, estreita, escura ou iluminada. Ela é considerada mais atraente quando é bem arborizada.

- Agora, escreva mais duas palavras que deem características para cada um dos nomes que você escreveu nas respostas das adivinhas.

    A _____

    B _____

SÓ PARA LEMBRAR

1. Responda.

   a) Você já viu um rato? E um leão?

   b) Pela observação da ilustração, onde o leão e o rato estão?

   c) O leão é conhecido como o rei dos animais. Por que você acha que ele é conhecido dessa maneira?

2. Você acha que um pequeno ratinho poderia salvar um leão de ser preso por caçadores? Nesta fábula, um ratinho ajuda um leão a escapar de uma armadilha. Leia e descubra como ele faz isso.

O leão e o ratinho

Um ratinho, passeando, descuidado, foi parar nas garras de um leão. Desesperado, o animalzinho suplicou ao rei dos animais que poupasse a sua vida:

— Sou tão pequeno, Majestade! Nem serviria como aperitivo! Eu lhe peço que me solte! Prometo-lhe que serei seu amigo para sempre e que lhe retribuirei o favor!

O leão achou graça naquelas palavras. Como um bichinho tão minúsculo poderia lhe prestar um favor? No entanto, como não estivesse mesmo com fome, deixou-o partir.

Dali a alguns dias, o leão caiu numa armadilha, numa rede armada por caçadores. Debatendo-se, viu que estava perdido: quanto mais tentava se soltar, mais se embaraçava nas malhas da rede. Foi quando o ratinho, aquele ratinho minúsculo, ouviu seus urros e lembrou-se da promessa: sem demora, correu para salvá-lo. Com seus dentes afiados, foi roendo, roendo as malhas até que conseguiu cortá-las e libertar o poderoso rei leão.

Aperitivo: o que se ingere antes de uma refeição, enquanto ela ainda não é servida.

Rosane Pamplona. Moral da história... **Fábulas de Esopo.** São Paulo: Elementar, 2013. p. 31.

3. Responda.

a) O que o ratinho fez para salvar o leão?

b) Que sentimento o ratinho mostrou sentir quando decidiu salvar o leão?

4. Toda fábula traz um ensinamento. Marque a frase com o ensinamento do texto **O leão e o ratinho**.

☐ É preciso pensar muito bem antes de tomar uma decisão.

☐ Os pequenos amigos podem ser grandes nas horas difíceis.

5. Leia cada frase a seguir em voz alta, com a entonação adequada.

> O ratinho salvou o leão?
> O ratinho salvou o leão.
> O ratinho salvou o leão!

DICA Uma das funções da pontuação é indicar como a frase deve ser lida.

O que indica a entonação adequada na leitura de cada frase?

___

6. Releia um trecho da fábula.

> [...] Desesperado, o animalzinho suplicou ao rei dos animais que poupasse a sua vida:
> — Sou tão pequeno, Majestade! Nem serviria como aperitivo!

a) Circule no trecho a pontuação que indica que o personagem vai falar a seguir.

b) Pinte a pontuação que indica a fala do personagem.

JÁ SEI LER!

1. As fábulas costumam ter animais como personagens. Levando em conta a distribuição do texto na página, você acha que vai ler uma fábula? Justifique.

• Leia. Depois, escreva as horas de forma que elas rimem com as palavras em destaque.

Dois gatos fazendo hora

[...]
Dez em ponto.
Um gato pega o rato.
O outro nem te conto.

Dez e _____.
Um gato solta um **pum**.
O outro mais um.
[...]

_____.
Um gato bebe o leite.
O outro lambe o **prato**.

Guilherme Mansur. **Dois gatos fazendo hora**. São Paulo: SESI-SP Editora, 2013. Não paginado.

2. Responda.

a) A que horas você costuma se levantar?

b) E a que horas você costuma dormir?

3. Crie outra estrofe que combine com o poema.

DE CARONA COM O TEXTO

1. Observe a imagem.

RENÉ MILOT

- Quantos animais você consegue identificar nessa imagem? Escreva os nomes desses animais.

_____

- Agora conte para os colegas como você conseguiu identificar os animais.

2. Combine com os colegas e o professor uma data para irem à sala de informática pesquisar outras imagens que tenham o mesmo efeito.

CAPÍTULO

2 QUEM DESDENHA QUER COMPRAR

- Você conhece estes provérbios? Sabe o que significam? Converse com os colegas e o professor sobre o significado deles.

  A pressa é inimiga da perfeição.   A mentira tem pernas curtas.

  Gato escaldado tem medo de água fria.   Quem desdenha quer comprar.

LEITURA

1. Leia o texto e descubra a qual provérbio ele se relaciona.

A raposa e as uvas

A raposa vinha pela estrada quando viu uma parreira carregada de suculentas uvas vermelhas. "Essas uvas já estão no papo", pensou. Doce ilusão. A raposa tentou de tudo, mas os cachos estavam tão altos que não conseguiu apanhar um bago que fosse. Matreira, ela comentou para quem quisesse ouvir: — Reparando bem, essas uvas estão muito verdes. Raposas não comem uvas verdes, pois dão dor de barriga. E foi embora. Quando já tinha percorrido algumas léguas, um vento forte começou a soprar. Então a raposa voltou depressinha e pôs-se a farejar o chão em busca de bagos de uva.

[Moral da história:] *Quem desdenha quer comprar.*

Esopo. A raposa e as uvas. Adaptação de Lúcia Tulchinski. **Fábulas de Esopo**. São Paulo: Scipione, 2004. p. 18.

Bago: fruta pequena e redonda de um cacho.
Légua: medida de extensão equivalente a seis quilômetros.
Matreira: que encontra solução para tudo; astuta, esperta, sabida.
Parreira: pé de uva com galhos apoiados numa grade de varas.

2. Releia um trecho da fábula e sublinhe as alternativas adequadas.

> **Matreira**, ela comentou para quem quisesse ouvir:
> — Reparando bem, essas uvas estão muito verdes. Raposas não comem uvas verdes, pois dão dor de barriga.

a) Faria diferença se a palavra **matreira** não fizesse parte da frase?
- Não, pois a palavra **matreira** não acrescenta uma informação importante sobre a personagem.
- Sim, pois a palavra **matreira** informa ao leitor o motivo de a raposa ter feito o comentário em voz alta.

b) A raposa fez questão de comentar em voz alta que as uvas estavam verdes porque:
- ela não quis admitir que não iria conseguir pegar as uvas.
- ela achou realmente que as uvas estavam muito verdes.

c) Quando o vento soprou, a raposa voltou para a parreira porque:
- pensou que o vento poderia ter derrubado algumas uvas e quis averiguar.
- pensou que as uvas tinham amadurecido com o vento.

3. Na frase a seguir, retirada da fábula, foi usado um sinal de pontuação chamado aspas (" "). Releia.

> "Essas uvas já estão no papo", pensou.

- Marque a alternativa adequada.

Nesse trecho, as aspas indicam:

☐ a fala da raposa.

☐ uma expressão criada pelo autor.

☐ o pensamento da raposa.

COM QUE LETRA?

LETRAS O E U, E E I EM FINAL DE PALAVRAS

1. O personagem desta tirinha é o Raposão. Nela, Mauricio de Sousa faz alusão a uma fábula. Você sabe qual é?

• Leiam e depois comentem qual é a surpresa da tirinha.

> ANTIGAMENTE, EU TENTARIA PEGAR ESSE CACHO DE UVA EM VÃO...
>
> HOJE EM DIA, PREFIRO BEBER SUCO DE UVA EM CAIXINHA!

Mauricio de Sousa. **Turma da Mônica**: Uma aventura no parque da Mônica, São Paulo: Globo, n. 40, abr. 2010.

• Responda.
   a) Na tirinha, a raposa está pensando ou falando? Como você descobriu?
   b) Que frase da raposa mostra que ela conhece a fábula **A raposa e as uvas**?

2. Você e os colegas vão participar de uma atividade de observação. Sigam as orientações do professor.
   a) Na sua opinião, por que muitas pessoas trocam o **e** pelo **i** no final das palavras?

   _____

   _____

   b) Por que você acha que muitas pessoas trocam o **o** pelo **u** no final das palavras?

   _____

   _____

3. Em todas as palavras com mais de uma sílaba, uma das sílabas é pronunciada com mais força.

a) Leiam em voz alta as palavras do quadro. Na leitura, fale mais alto a sílaba mais forte de cada palavra.

abacaxi	elefante	javali
saci	sorvete	foguete

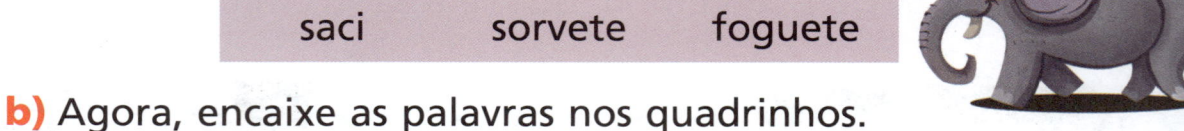

b) Agora, encaixe as palavras nos quadrinhos.

Atenção: nos quadrinhos azuis devem ser escritas as sílabas pronunciadas com mais força.

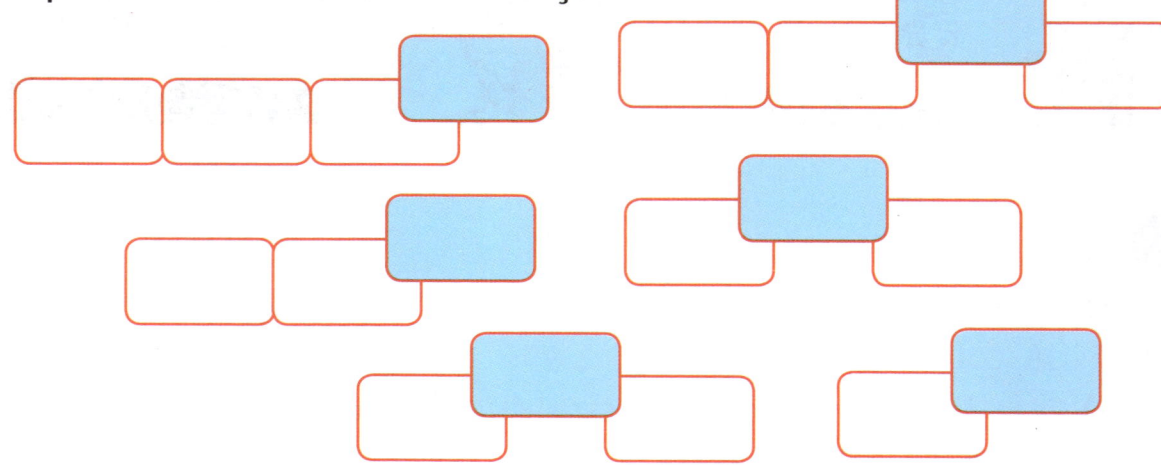

4. Releia as palavras do quadro e responda.

As palavras cujas sílabas finais são pronunciadas com mais força terminam com **e** ou com **i**?

_____

_____

• Complete as frases.

> Se a sílaba pronunciada com mais força estiver no final da palavra, escrevemos com _____.
>
> Se a sílaba pronunciada com mais força não estiver no final da palavra, escrevemos com _____.

5. Leia as palavras do quadro em voz alta. Na leitura, fale mais alto a sílaba mais forte de cada palavra.

Depois, pinte a sílaba pronunciada com mais força de acordo com a legenda.

🟦 A sílaba pronunciada com mais força é a última.

🟩 A sílaba pronunciada com mais força não é a última.

> caranguejo   caju   sapato   tatu
> milho   urubu   babaçu   livro

6. Releia as palavras do quadro e responda.

As palavras cujas sílabas finais são pronunciadas com mais força terminam com **o** ou com **u**?

_____

- Complete as frases.

> Se a sílaba pronunciada com mais força estiver no final da palavra, escrevemos com _____.
>
> Se a sílaba pronunciada com mais força não estiver no final da palavra, escrevemos com _____.

7. Xi... A raposa deixou cair suco de uva no caderno. Você consegue ler as palavras borradas? Elas terminam com **o** ou **u**, **e** ou **i**?

Use o que você aprendeu e copie as palavras, completando-as com essas letras.

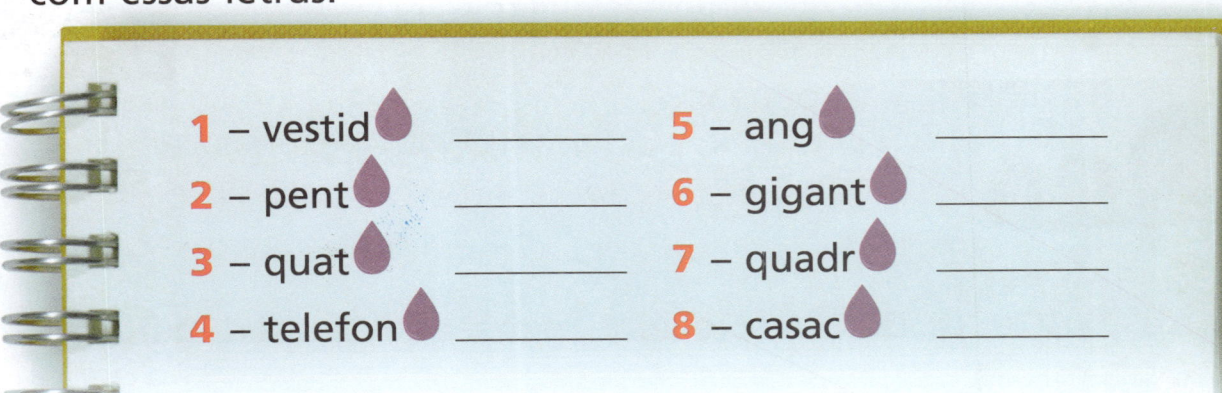

1 – vestid💧 _____
2 – pent💧 _____
3 – quat💧 _____
4 – telefon💧 _____
5 – ang💧 _____
6 – gigant💧 _____
7 – quadr💧 _____
8 – casac💧 _____

DE TEXTO EM TEXTO

1. Responda.

a) Você já assistiu a alguma peça teatral? Gostou?

b) Você já atuou em alguma peça teatral? Qual?

c) O texto a seguir foi escrito para ser representado. Você já leu algum texto assim?

d) Pelo título do texto, você acha que vai ler uma fábula? Por quê?

2. Leia o texto para ver se suas hipóteses se confirmam.

O macaco e o coelho

Personagens: Macaco / Coelho
Cenário: Na mata, uma pedra e uma toca.

Macaco entra.
MACACO: Preciso caçar alguma coisa pra fazer!
Coelho entra.
COELHO: Precisa caçar, Macaco?
MACACO: Eu caço borboletas e você mata as cobras...
COELHO: Eu, matar cobras?
MACACO (*dando um pedaço de pau ao coelho*)**:** Mata com este pau!
COELHO: Vou pensar...
Coelho senta, faz pose de quem está pensando e cai no sono. O macaco se aproxima e puxa as orelhas do coelho.
COELHO: Ai! Ai! Ai!
MACACO: Desculpa, coelho, pensei que fossem borboletas...

COELHO (*saindo de perto do macaco, para o público*):
Esse macaco me paga!
Macaco senta na pedra e faz pose de que está pensando. Adormece.
O coelho vem por trás com pau na mão e dá uma paulada no rabo do macaco.

MACACO: Ai! Ai! Ai!

COELHO: Desculpe, macaco, pensei que fosse uma cobra.

MACACO (*correndo atrás do coelho*):
Você me paga, seu orelhudo!
Coelho se esconde na toca.

MACACO (*para o público*):
Onde esse coelho se escondeu?
Coelho faz sinal de silêncio para o público.

COELHO: Sabe de uma coisa?
Agora vou morar sempre em tocas, para o macaco não conseguir me pegar. Caçadas, eu? Nunca mais!

MACACO (*para o público*): ainda pego esse orelhudo. (*sai.*)

Luís Camargo. Adaptação feita de um conto popular recolhido por Sílvio Romero.

Luís Camargo nasceu em São Paulo, em 1954. Escreve e ilustra livros infantis e desenvolve, a distância, projetos de incentivo à leitura. É autor de **Maneco Caneco Chapéu de Funil**, **Panela de arroz**, **Bule de café** e muitos outros.

3. Responda.

a) Na sua opinião, o texto é uma fábula?

b) Além do texto, o que você acha que é necessário para apresentar uma peça teatral em um palco?

c) Onde a história se passa? Como você percebeu?

4. A intenção do texto é tentar explicar:

☐ o motivo de os coelhos viverem em buracos.

☐ por que os bichos não fazem mais acordos entre eles.

5. Numere de 1 a 5 a sequência dos fatos da história na ordem em que eles acontecem.

☐ O macaco puxou as orelhas do coelho.

☐ Com medo da vingança do macaco, o coelho passou a viver em buracos.

☐ O coelho se vingou do macaco, dando uma paulada no rabo dele.

☐ O coelho resolveu dormir enquanto esperava o macaco voltar.

☐ O macaco propôs ao coelho: ele só caçaria borboletas e o coelho, cobras.

6. Releia o texto e responda.
- Por que as palavras **coelho** e **macaco** aparecem destacadas e seguidas de dois-pontos? O que isso indica?

_____

7. Marque a alternativa adequada.
- Os trechos entre parênteses representam:

☐ a fala dos personagens.

☐ indicações do que o personagem deve fazer, orientando a representação teatral.

8. Você sabe o nome dessas indicações que aparecem entre parênteses nos textos teatrais?

Leia o **Fique sabendo** e descubra se o que você pensou se confirma.

FIQUE SABENDO

No texto teatral, há indicações entre parênteses e escritas com letras diferentes das usadas no restante do texto que auxiliam a encenação. Essas indicações são chamadas de **rubricas**. Elas podem indicar:
- entonação das falas dos personagens;
- gestos, movimentação e posição dos personagens no palco;
- efeitos sonoros;
- início ou fim de cena.

PRODUÇÃO TEXTUAL

O professor vai formar duplas para inventar a continuação do texto teatral **O macaco e o coelho** e criar uma moral para a história. Depois, cada dupla vai apresentar para o resto da classe, para que todos apreciem as criações.

1 Imaginem o que aconteceu quando o coelho, cansado de ficar no buraco, resolveu sair pela mata.

2 Registrem as falas dos personagens (coelho e macaco) e as rubricas, que auxiliam no momento da apresentação da peça.

3 Decidam quem ficará encarregado de registrar o texto ou se essa função será compartilhada entre todos os membros.

A história pode recomeçar assim:

(Coelho sai do buraco e saltitando percorre o cenário, todo aliviado e satisfeito, sem perceber que mais adiante vinha o macaco.)

(Coelho, assustado, ao dar de cara com o macaco.)

Coelho: Se-se-se-nhor macaco? O que faz por essas bandas?

4 Leiam o texto teatral para verificar se:
- os fatos narrados combinam com o final proposto pela dupla;
- ficou claro o que aconteceu com o coelho e com o macaco.

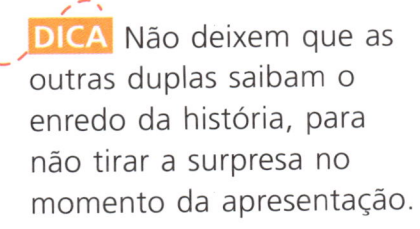

DICA Não deixem que as outras duplas saibam o enredo da história, para não tirar a surpresa no momento da apresentação.

5 Leiam novamente o texto. Dessa vez para verificar se:
- as falas do coelho e do macaco foram destacadas;
- as rubricas irão ajudar na hora da encenação da história;
- a pontuação usada ajuda a passar a emoção dos personagens;
- há dúvida na grafia de alguma palavra. Nesse caso, a consulta a colegas, ao professor ou ao dicionário pode ajudar.

6 Mostrem o texto para o professor. Ele poderá dar dicas para tornar a história ainda mais interessante para a plateia.

7 Façam as revisões sugeridas e verifiquem se há necessidade de mudar ou acrescentar mais algum detalhe. Só então o texto deve ser passado a limpo. Ele será indispensável para o ensaio da peça teatral.

💬 HORA DE AVALIAR

✔ O que foi mais desafiador: criar o enredo da continuação da história ou registrá-la em forma de peça teatral? Por quê?

✔ Os integrantes da dupla se empenharam igualmente na criação da história?

✔ Na sua opinião, o final da história criado é mais interessante que o final original? Por quê?

✔ O final da história criado poderia ter uma moral como nas fábulas? Qual?

ESPAÇO LITERÁRIO

1. Esta é a capa do livro que contém a história que o professor vai ler.

Maria vai com as outras
história e ilustrações de Sylvia Orthof
EDITORA ÁTICA

a) Qual é o título da história?

b) Quem você imagina que serão os personagens da história?

c) O que você imagina que pode acontecer em uma história com esse título?

Ouça a leitura do professor. Depois, comente suas impressões sobre a história.

2. Depois de ouvir a história, responda.

a) Você acha que o título está adequado ao texto? Por quê?

b) Você acha que **Maria vai com as outras** pode ser considerada uma fábula?

c) O que você entendeu da última frase do conto?

EXPRESSÃO ORAL

Chegou o momento de as duplas apresentarem a continuação da história **O macaco e o coelho** para o restante da turma.

Decidam quem da dupla interpretará o **coelho** e quem interpretará o **macaco**.

Se desejarem, a dupla poderá montar máscaras ou fantasias para representar o coelho e o macaco.

1 Usem o registro feito na seção **Produção textual** para ensaiar a apresentação.

2 Aproveitem os ensaios para memorizar as falas, definir o tom de voz adequado a cada situação da história, os gestos, as posições que ocuparão no palco, de forma a prender a atenção da plateia.

DICA Os ensaios servirão também para que cada integrante da dupla saiba os momentos em que se apresentará.

3 Atentem para a ordem de apresentação das duplas definida pelo professor.

4 No momento da apresentação, procurem atuar da forma que ficou combinado nos ensaios.

5 Ouçam as apresentações dos colegas com atenção e respeito e aplaudam ao final de cada uma.

6 Ao final de todas as apresentações, avaliem oralmente a atividade, comentando:
- que reações da plateia puderam ser observadas;
- os pontos positivos da apresentação e o que pode ser melhorado quando uma atividade semelhante for apresentada.

VIVA A DIVERSIDADE!

ATITUDES CONSCIENTES

Você ouviu a história **Maria vai com as outras**. Nela, Maria sempre fazia a mesma coisa que as colegas, mesmo sendo coisas de que ela não gostava.

1. Na sua opinião, por que algumas pessoas imitam atitudes de colegas, mesmo sabendo que, algumas vezes, elas não são adequadas?

2. Das atitudes a seguir, quais você considera adequadas e quais considera inadequadas? Pinte de acordo com a legenda:

DICA É importante respeitar a opinião dos outros e respeitar a vez do outro falar.

▬ Adequada. ▬ Inadequada.

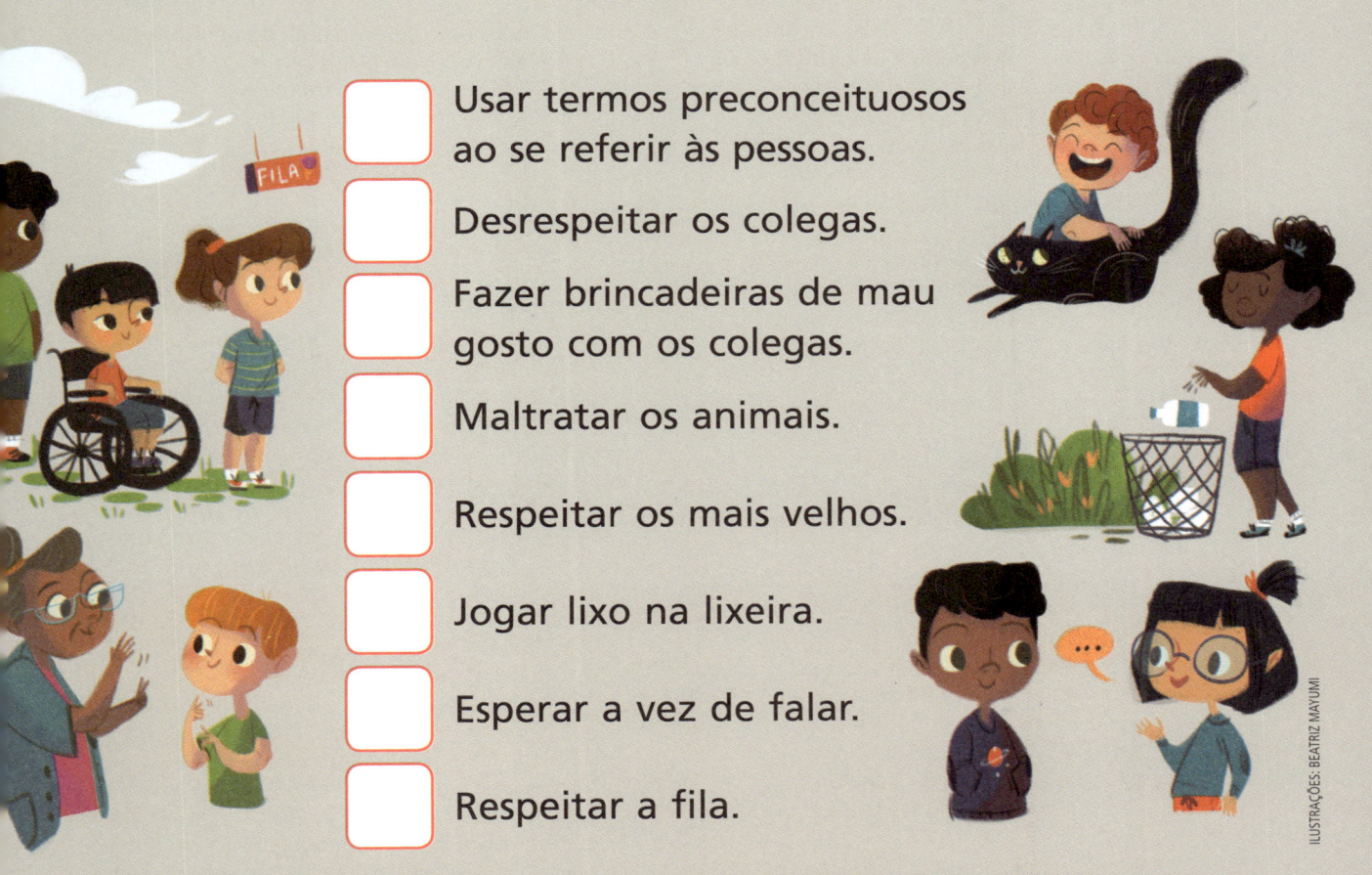

- ☐ Usar termos preconceituosos ao se referir às pessoas.
- ☐ Desrespeitar os colegas.
- ☐ Fazer brincadeiras de mau gosto com os colegas.
- ☐ Maltratar os animais.
- ☐ Respeitar os mais velhos.
- ☐ Jogar lixo na lixeira.
- ☐ Esperar a vez de falar.
- ☐ Respeitar a fila.

• O professor vai pedir à turma que justifique as opiniões.

REFERÊNCIAS BIBLIOGRÁFICAS

BANDEIRA, Pedro. **É proibido miar**. 4. ed. São Paulo: Moderna, 2009.

BANDEIRA, Pedro. **Por enquanto eu sou pequeno**. 3. ed. São Paulo: Moderna, 2009.

BECK, Alexandre. **Armandinho três**. Florianópolis: A. C. Beck, 2014.

BECK, Alexandre. **Armandinho zero** [tirinha]. Florianópolis: A. C. Beck, 2013.

BRASIL. Ministério da Educação. **Base nacional comum curricular**: educação é a base. Proposta preliminar. Brasília, DF, 2017. Disponível em: <http://basenacionalcomum.mec.gov.br/images/BNCC_publicacao.pdf>. Acesso em: 8 maio 2017.

BROMLEY, Nick. **Abra com cuidado!** Um livro mordido! São Paulo: Brinque-Book, 2013.

CAMARGO, Luís. **O cata-vento e o ventilador**. São Paulo: FTD, 1998.

CHILD, Lauren. **Clarice Bean sou eu**. Tradução de Érico Assis. São Paulo: Ática, 2005.

CLARO, Regina. **Encontros de história**: do arco-íris à lua, do Brasil à África. Ilustração de Anita Ekman. São Paulo: Hedra Educação, 2014.

DICKINS, Rosie; CHISHOLM, Jane; ROBSON, Kirsteen (Ed.). **Grandes ideias para pequenos cientistas**: 365 experiências. Ilustração de Sam Chandler e Erica Harrison. Londres: Usborne Publishing, 2015.

DOMINGUEZ, Márcia Glória Rodriguez. **A minhoca Filomena**. São Paulo: Editora do Brasil, 2008.

EDUAR, Gilles. **Poesias do Nilo**. São Paulo: Companhia das Letrinhas, 2009.

ESOPO. **Fábulas de Esopo/Jean de La Fontaine**. Tradução de Lúcia Tulchinski. São Paulo: Scipione, 2004.

ESOPO. **Fábulas de Esopo.** Texto em português de Guilherme Figueiredo. São Paulo: Ediouro, 2002.

ESTATUTO DA CRIANÇA E DO ADOLESCENTE. Disponível em: <www.planalto.gov.br/ccivil_03/leis/L8069.htm>. Acesso em: 7 jun. 2017.

FRAGA, Olívia. Turma organizada. **Recreio**, São Paulo, ano 7, n. 339, set. 2006.

FRANCHINI, Ademilson S. **As 100 melhores lendas do folclore brasileiro**. Porto Alegre: L&PM, 2011.

FREITAS, Tino. **Um abraço passo a passo**. Ilustração de Jana Glatt. São Paulo: Panda Books, 2016.

GIRARDET, Sylvie. **Violência, não!**: a minhoca e os passarinhos. São Paulo: Scipione, 2000.

GONSALES, Fernando. **Níquel Náusea**: os ratos também choram. São Paulo: Bookmakers, 1999.

GRIMM, Jacob; GRIMM, Wilhelm. **O mingau doce**. Tradução e adaptação de Claudio Fragata.

GRISOLIA, Dulcy. **Chapeuzinho Vermelho**. São Paulo: FTD, 2000.

IBÁÑEZ, Célia Ruiz. **Folclore brasileiro infantil**. São Paulo: Girassol, 2006.

JOLY, Fanny. **Quem tem medo de monstro?** Tradução de Monica Stahel; Irami B. Silva. São Paulo: Scipione, 2014.

KAWAHARA, Hiro; LOURENÇO, Marcelo. **O livro dos grandes direitos das crianças**. São Paulo: Panda Books, 2011.

LOBATO, Monteiro. **Fábulas**. 50. ed. São Paulo: Brasiliense, 2002.

MIRANDA, Orlando de. **Com lagartixa não tem conversa**. São Paulo: Moderna, 1993.

MORPURGO, Michael; CLARK, Emma Chichester. **Minhas fábulas de Esopo**. Tradução de Eduardo Brandão. São Paulo: Companhia das Letrinhas, 2010.

NANI. **Era uma vez a vaca Vitória, que caiu no buraco e acabou a história**. São Paulo: Melhoramentos, 2012.

OBEID, César. **Mitos brasileiros em cordel**. São Paulo: Salesiana, 2008.

OLIVEIRA, Rafael Soares de. **Pé de cobra, asa de sapo**: quadrinhas monstruosas. Ilustrações de Jean Galvão. São Paulo: Ática, 2012.

ORAM, Hiawyn. **As cartas de Ronroroso**: minha bruxa que não quer ser bruxa. Tradução de Áurea Akemi Arata. Ilustração de Sarah Warburton. São Paulo: Moderna, 2008.

ORTHOF, Sílvia. **Maria vai com as outras**. 22. ed. São Paulo: Ática, 2008.

PAMPLONA, Rosane. **Conte aqui que eu canto lá**. São Paulo: Melhoramentos, 2013.

PAMPLONA, Rosane. **Moral da história**: fábulas de Esopo. São Paulo: Elementar, 2013.

PARADIZO, Shirley. O que é que a barata tem? **Recreio**, São Paulo, ano 13, n. 702, ago. 2013.

PASSA-BOLINHA. Texto elaborado com base em: Aprenda a fazer o brinquedo passa-bolinha. Secretaria da Educação do Estado de São Paulo. Disponível em: <https://www.youtube.com/watch?v=YJxF_DMu3K4&t=2s>. Acesso em: 17 out. 2017.

RIBEIRO, Jonas. **Amigos do folclore brasileiro**. Ilustração de Nilton Bueno. São Paulo: Mundo Mirim, 2010.

RIBEIRO, Jonas. **O que não tem preço**. Ilustração de Fábio Sgroi. Brasília, DF: Mais Ativos Educação Financeira, 2016.

ROCHA, Ruth. **Novas duas dúzias de coisinhas à toa que deixam a gente feliz**: à moda de Otávio Roth. São Paulo: Salamandra, 2016.

SOUSA, Mauricio de. **Almanaque do Cascão**, São Paulo: Panini, n. 60, nov. 2016. 4ª capa.

SOUSA, Mauricio de. **Turma da Mônica**, São Paulo: Mauricio de Sousa Editora, n. 239, 2006.

TADEU, Paulo. **Rá, ré, ri, ró... ria**: novas piadas para crianças. São Paulo: Matriz, 2009.

TAYLOR, Barbara. **Insetos**. São Paulo: Ciranda Cultural, 2010.

THEBAS, Cláudio. **Amigos do peito**. São Paulo: Formato, 2008.

YORK, Penelope. **Insetos**. São Paulo: Girassol, 2008.

ZIMLER, Richard. **Dance quando chegar ao fim**: bons conselhos de amigos animais. Ilustrações de Bernardo Carvalho. Rio de Janeiro: Galera Record, 2013.

MATERIAL PARA DESTACAR

UNIDADE 2 – PÁGINA 69 PRODUÇÃO TEXTUAL

UNIDADE 2 – PÁGINA 69 **PRODUÇÃO TEXTUAL**

PASSA-BOLINHA
MODO DE FAZER O BRINQUEDO

1. Peça a um adulto que corte as duas garrafas PET ao meio.

2. Separe uma parte de cima e duas partes de baixo.

3. Encaixe a parte de cima, com o bico voltado para baixo, em uma parte de baixo da garrafa. Fixe com a fita adesiva transparente.

4. _____
_____
_____

5. _____
_____
_____

6. _____
_____
_____

Agora é só brincar!

UNIDADE 3 – PÁGINAS 72 E 73 ABERTURA

ILUSTRAÇÕES: ROMONT WILLY

UNIDADE 8 – PÁGINA 222 ATIVIDADE 4

ILUSTRAÇÕES: ANDREA EBERT

277

UNIDADE 5 – PÁGINA 136   **PRODUÇÃO TEXTUAL**

Mas, certa vez, por descuido dos homens ou magia dos deuses, o fogo se apagou. Então o pajé pediu aos guerreiros que partissem para procurá-lo, mas eles desistiram. Era perigoso andar pela floresta à noite. [...]

A tristeza se abateu sobre todos.

Percebendo a situação dos homens, a pequena juruva resolveu ajudar. [...]

O pajé agradeceu-lhe e a juruva partiu. Voou muito e longe, além do rio e das montanhas, até que uma trilha de fumaça no céu chamou sua atenção. Com sorte, juruva mergulhou na mata e viu ali uma fogueira que estava quase se apagando. Bem depressa, revirou com o bico o borralho e descobriu por baixo das cinzas uma pequena brasa que ainda ardia. Era tudo o que precisava!

A juruva e o fogo

Há muito tempo, apenas o Sol fornecia luz e calor ao mundo. Quando a noite chegava, o frio e a escuridão se espalhavam pela Terra fazendo os bichos se encolherem nas tocas e os homens tremerem de frio.

Depois que o fogo foi descoberto, a vida melhorou para todos: grandes fogueiras eram feitas para assar a carne dos peixes, esquentar a água, iluminar a noite e também para afastar os animais selvagens das aldeias.

Ao redor das fogueiras, os guerreiros dançavam, os curumins se reuniam para ouvir histórias sobre os grandes feitos dos heróis das tribos. O fogo trazia conforto, espantava a solidão e o medo, reunia jovens e velhos nos rituais e festas indígenas. Era preciso cuidar para que o fogo nunca apagasse!

Juruva pegou-a com jeito, mas logo sentiu o ardor queimar-lhe o bico. Não poderia voar de volta segurando-a desse modo. Logo teve a ideia de amparar a brasa entre as penas de sua cauda, e assim o fez.

Voou de volta na maior rapidez, além das montanhas e rios e matas de todas as florestas, chegando à tribo que a aguardava, ansiosa.

O pajé pegou a brasa como se fosse um tesouro e colocou-a sobre um berço feito de gravetos e folhas secas que os guerreiros haviam preparado. Os curumins ficaram em volta e assopraram devagar e com cuidado para encantar o fogo, enquanto o pajé recitava palavras mágicas de agradecimento.

(Recontada por Flávia Muniz.)

Aa	Bb	Cc	Dd	Ee	Ff	Gg	Hh	Ii	Jj	Kk	Ll	Mm
Aa	*Bb*	*Cc*	*Dd*	*Ee*	*Ff*	*Gg*	*Hh*	*Ii*	*Jj*	*Kk*	*Ll*	*Mm*

Nn	Oo	Pp	Qq	Rr	Ss	Tt	Uu	Vv	Ww	Xx	Yy	Zz
Nn	*Oo*	*Pp*	*Qq*	*Rr*	*Ss*	*Tt*	*Uu*	*Vv*	*Ww*	*Xx*	*Yy*	*Zz*

DOBRAR E COLAR

A A A A A E E
E E E I I I I
I O O O O O U
U U U U B B B
B C C C D D
D D F F F F G
G G G H H H H
H J J J J K K
K K L L L L M

M M M M N N N
N P P P P P Q
Q Q Q R R R R
S S S S T T T
T V V V V W W
W W X X X X Y
Y Y Y Z Z Z Z

Á	Á	Á	Â	Â	Â
Ã	Ã	Ã	É	É	É
Ê	Ê	Ê	Í	Í	Í
Ó	Ó	Ó	Ô	Ô	Ô
Õ	Õ	Õ	Ú	Ú	Ú
Ç	Ç	Ç	Ç	Ç	Ç

ADESIVOS

UNIDADE 4 – PÁGINA 122   ATIVIDADE 5

UNIDADE 6 – PÁGINA 176   ATIVIDADE 3

UNIDADE 8 – PÁGINA 236   ATIVIDADE 2

ÂNCORA	GRAMPO	ENDEREÇO
	ONÇA	SANFONA
DENGOSO	ENJOO	CHUMBO
INQUIETO	CINZA	SIMPÁTICO
ENLATADO	HONRA	CONVENTO
ENXAME	CAMPO	ACAMPAR
GRAMPEADOR	SOMBRA	CAMPEÃO
TEMPERO	ASSOMBRAÇÃO	
VAMPIRO	SAMBA	
BAMBU	PENSAMENTO	